Reserch on Academic
Libraries' Think Tank Services

学术图书馆智库服务研究

梁宵萌◎著

经济日报出版社

北京

图书在版编目（CIP）数据

学术图书馆智库服务研究／梁宵萌著． -- 北京：
经济日报出版社，2024.11．
ISBN 978-7-5196-1504-8

Ⅰ．G252

中国国家版本馆 CIP 数据核字第 2024XL1262 号

学术图书馆智库服务研究
XUESHU TUSHUGUAN ZHIKU FUWU YANJIU

梁宵萌　著

出　　版：	经济日报出版社
地　　址：	北京市西城区白纸坊东街 2 号院 6 号楼 710（邮编 100054）
经　　销：	全国新华书店
印　　刷：	北京文昌阁彩色印刷有限责任公司
开　　本：	880mm×1230mm　1/32
印　　张：	5.5
字　　数：	118 千字
版　　次：	2024 年 11 月第 1 版
印　　次：	2024 年 11 月第 1 次印刷
定　　价：	42.00 元

本社网址：www.edpbook.com.cn，微信公众号：经济日报出版社
未经许可，不得以任何方式复制或抄袭本书的部分或全部内容，**版权所有，侵权必究。**
本社法律顾问：北京天驰君泰律师事务所，张杰律师　举报信箱：zhangjie@tiantailaw.com
举报电话：010-63567684
本书如有印装质量问题，请与本社总编室联系，联系电话：010-63567684

前　言

本书系笔者于北京大学信息管理系担任助理教授（2018年7月—2020年6月）期间的博士后出站报告，合作导师是我国著名图书馆学家刘兹恒教授。本书在理论分析、实践调查、实证研究的基础上，探究了我国学术图书馆智库服务的现状、开展智库服务的必要性和存在问题，以及未来可能的发展路径。

本书的主要结论有：（1）开展智库服务是学术图书馆得以长足发展的必然趋势，学术图书馆开展智库服务因为促进图书馆可持续发展而具有存在的正当性。学术图书馆开展智库服务的影响因素有内、外部两方面，内部因素主导了此项工作的实施。（2）对服务模式的认知与选取将会影响学术图书馆智库服务的定位与战略规划，学术图书馆应在充分评估自身情况的基础上，合理规划具体工作内容和方向。（3）设置"智库馆员"是学术图书馆开展智库服务的有效路径之一，智库馆员是学术图书馆与智库机构之间的重要纽带，优质的智库馆员有望成长为"智库专家"，并帮助图书馆产出信息产品，提升影响力。(4) 学术图书馆掌握的信息资源和所具备的信息管理能力，是开展智库服务的优势，这使其既有可能更有效地向智库机构提供专业的图情服务或开展"智库型"服务，也使其有望成长为一种真正的智库机构。(5)学术图书馆开展智库服务的真正目的未必是向智库机构转型，而是以图书馆事业为土壤，培植具有图情专业特色的智库服务。

  本书尚不完美，未尽之处还请读者批评指正。特此感谢北京大学信息管理系的培养、刘兹恒教授的教导，以及所有相关人士的帮助。笔者愿以此著作为发端，纵使科研之路如逆旅，依然保持探索未知的热忱。

梁宵萌

2024 年 7 月 1 日于北京

目 录

第一章 绪论 … 1
1.1 论题缘起 … 1
1.2 研究目标及意义 … 7
1.3 研究思路与方法 … 8

第二章 研究述评 … 12
2.1 国内研究综述 … 12
2.2 国外研究综述 … 27
2.3 研究述评 … 29

第三章 相关概念及理论基础 … 32
3.1 相关概念 … 32
3.2 循证图书馆理论 … 39
3.3 协同创新理论 … 42
3.4 信息生态学理论 … 45

第四章 学术图书馆智库服务实践分析 … 50
4.1 哈佛大学图书馆 … 52
4.2 斯坦福大学胡佛研究所图书馆 … 64
4.3 北京大学图书馆 … 67

- 4.4 浙江大学图书馆 ·············· 74
- 4.5 上海海事大学图书馆 ·············· 80
- 4.6 上海对外经贸大学图书馆 ·············· 84
- 4.7 其他学术机构的智库服务实践 ·············· 87
- 4.8 "事实型智库"的信息管理实践 ·············· 89

第五章 我国学术图书馆智库服务态度研究 ·············· 104
- 5.1 调查概述 ·············· 104
- 5.2 数据分析 ·············· 106
- 5.3 研究结论 ·············· 124

第六章 学术图书馆智库服务开展路径 ·············· 128
- 6.1 对服务模式的选取 ·············· 128
- 6.2 对智库馆员的设置 ·············· 130
- 6.3 对服务能力的构建 ·············· 139

第七章 结语 ·············· 145
- 7.1 主要研究结论 ·············· 145
- 7.2 研究不足 ·············· 146
- 7.3 研究展望 ·············· 147

参考文献 ·············· 148

附录一 ·············· 161

附录二 ·············· 170

第一章 绪论

1.1 论题缘起

"决策咨询"通常是智库机构的重要使命。近年来,无论从实务或理论层面,图书馆都在积极地尝试着参与决策咨询工作,学术界也在活跃地探讨着图书馆潜在的"智库角色"。学界知名专家曾指出:智库研究的基础是学术研究,而学术研究的制高点则为智库研究①;与其他类型的图书馆相比,学术图书馆的最显著特征就是具有开展各类科研活动的能力,其使命中既包含辅助相关机构达成科研目标,也包含独立完成科研任务。在众多类型的图书馆中,学术图书馆与智库机构的功能最为切近。因此,在掌握"信息资源"与具备"科研能力"的双重优势下,学术图书馆既具有向智库机构提供专业图情服务的先天条件,也具有成长为真正意义上的智库机构的潜力。如何最大限度地发挥学术图书馆的潜力,合理有效地开展学术图书馆智库服务,促进学术图书馆的价值升级,实现学术图书馆的

---

① 初景利,唐果媛.图书馆与智库[J].图书情报工作,2018(1):46-53.

可持续发展，值得我们深入探究。

1.1.1 外部驱动

（1）我国建设新型决策咨询制度，大力发展中国特色新型智库事业，是学术图书馆开展智库服务的外部环境。从 2012 年开始，国家层面不断出台的相关政策，成为鼓励中国特色智库事业发展的导向。其时间轴可梳理为：2012 年 11 月，党的十八大报告明确提出了"坚持科学决策、民主决策、依法决策，健全决策机制程序，发挥思想库的作用"[1]；2013 年 11 月，党的十八届三中全会通过了《中共中央关于全面深化改革若干重大问题的决定》，明确指出"加强中国特色新型智库建设，建立健全决策咨询制度"[2]；2015 年 1 月，中共中央办公厅、国务院办公厅印发了《关于加强中国特色新型智库建设的意见》[3]；2015 年 11 月，"国家高端智库建设试点工作启动会"在北京召开，会议推出了《国家高端智库建设试点工作方案》，这标志着中国特色新型智库建设工作全面启动[4]。以上政策的出台说明我国正处在大力发展和完善智库事业的新阶段，国家层面的政策导向不但为智库事业的崛起树立了强大的信心，也为各行各业参与决策咨询工作提供了良好契机。中国特色社会主义智

---

[1] 新华网 [EB/OL]. [2019-08-20]. http://www.xinhuanet.com/18cpcnc.
[2] 新华社. 中共中央关于全面深化改革若干重大问题的决定 [J]. 求是, 2013 (22): 8-17.
[3] 中共中央、国务院办公厅. 关于加强中国特色新型智库建设的意见 [J]. 中华人民共和国国务院公报, 2015 (4): 4-8.
[4] 国家高端智库建设试点工作启动. 中国社会科学网 [EB/OL]. [2019-08-20]. http://www.cssn.cn/zx/yw/201512/t20151203_2739527.shtml.

库事业有赖于国家层面的政策支持，更得益于全社会的协同发展。从2009年开始，国内就有学者提出了"智库事业"是图情机构发展的可能方向。在10年历程中，已有大量的图情机构参与决策咨询工作，图情行业在这一伟大事业中的贡献逐渐得到认可。因此，开展智库服务也是学术图书馆顺应社会发展浪潮的重要体现。

（2）我国智库机构亟须完善信息管理体系。提升信息管理能力，是学术图书馆开展智库服务的重要驱动。智库机构所从事的"决策咨询"工作在现代咨询业中属于较特别的类型，并不同于普通的财务、法律、管理、工程等咨询业务，智库机构的服务对象多是政府部门、商界领袖、政治首脑等影响社会决策的群体，因此，智库行业的发展与国家决策咨询水平有着更加密切的关系。与西方国家尤其是"智库大国"美国相比，我国的决策咨询事业起步较晚，完善程度较低。我国建设高端智库既需要对世界顶级智库的发展经验加以借鉴，又要在发展过程中尊重本土特色，强化自身专长。

美国的高端智库机构通常具有完善的信息管理体系，并且与图情机构的关系较为密切。例如，哈佛大学贝尔福中心（The Belfer Center）、大卫中心（The Davis Center for Russian and Eurasian Studies）和普林斯顿大学科学与全球安全中心（Program on Science and Global Security）等著名智库机构均设置了专门服务于本机构的"智库图书馆"。这些图书馆为智库机构开展的服务包括提供具有多种功能的图书馆空间，设置专职服务智库机构的图书馆员，帮助智库机构寻找、利用、开发各类信息资源（如搭建数据库、开发特藏资源、管理灰色文献等），提供专业的参考咨询服务、学科服务、知识服务。此外，美国的智库机构还较为重视与学术图书馆的合作，如哈佛大学图书馆与智库机构共同开发了"智库门户网站"（将图书馆检索系统嵌入智库机构网站），向智库机构提供更多的资源开放权限，为智库机构提供"学术指导服务"等。甚至，部分智库机构本身就是由图书馆转型而来的。例如，胡佛研究所（Hoover Institution）的前身就是"胡佛战争图书馆"；该机构成功的关键在于其收藏和积累了大量的珍贵战争资料，依托对这些资源的开发与研究树立了较高的学术威望，并研究出具有重大影响力的信息成果。高端智库的决策咨询工作涉及的领域较为广泛，它们需要根据社会发展实时捕捉新的研究议题，围绕议题的管理包括信息吸收、分析、传播等多个信息管理环节，因此，这些工作的有效开展离不开专业的图情知识与技能。与之相关的例子不胜枚举，这也说明了"完善的信息管理体系"和"与图情机构发展紧密联系"对于成为具有影响力的高端智库起到了重要作用。

目前，在我国发展高端智库的过程中，智库机构的研究水平参差不齐，部分机构的研究基础较为薄弱，并存在信息来源单一、信息分析手段落后、信息传播渠道闭塞等多种问题。尽管我国智库机构的总体数量不断攀升，各行业也不乏建设智库机构的积极性，但是，我国的高端智库数量依然较少，具有相对完善的信息管理体系的智库机构更是凤毛麟角。因此，无论是智库机构本身发展机构下设的图情部门还是加强与图情机构的双向合作，都将会成为新时代新型智库建设事业中的必然举措。另外，从信息管理实践体系的完善程度来看，我国的智库机构与发展良好的学术图书馆相比还具有一定的差距，学术图书馆之专长恰好可以弥补智库机构的现实短板，从而满足智库机构对专业图情技能与服务较急切的需求。

综上所述，开展智库服务不仅是图情界自身的"志存高远"，更将成为惠及全社会的有益实践。

1.1.2 内部需求

（1）实现可持续发展是学术图书馆开展智库服务的高级目标。近年来，如何实现可持续发展一直是图书馆界积极探讨的主题，除了对学习新技能带来的业务升级的探索，更多的是对社会变革下图书馆角色转变的思考，这些思考在众多行业论坛、国际会议、学术研究成果中也时有体现。2018年8月，国际图联（IFLA）在其召开的第84届大会中发布了名为《抓住机遇，实现发展》的"国际图联和联合国2030年议程"，该专稿中明确指出未来图书馆应承担"政策制定核心"的角色[①]。可见，国际图情界已将参与决策咨询工作视为图书馆面临的新挑战和需要把握的新机遇。随着图书馆工作所掌握的理念、知识、技能的日益升级，无论从客观现实还是主观意愿上，我国的学术图书馆早已不满足于"咨询"的功能，而是向更加广阔的发展空间迈进。

---

① IFLA. Global Vision Report [EB/OL]. [2019-08-20]. https：//www.ifla.org/globalvision/report.

目前，我国有大量的学术图书馆已经实现了从"咨询服务"到"知识服务"的过渡，而正在迈向由"知识服务"向"咨政服务"过渡的新台阶。从咨询到资政的转变，既是学术图书馆技能的进化又是身份的转型。我国的一些著名学术图书馆更是将"参与决策咨询工作，开展智库服务"纳入其未来发展的战略规划。部分学术图书馆也早已实现了与政府部门、企业等组织机构的长期业务合作，为用户提供情报分析、舆情监测、决策咨询等带有"智库底色"的高级服务。可见，我国学术图书馆存在开展智库服务的普遍意愿和现实基础，但是我国的学术图书馆智库服务依然处在需要向规范化、常态化、规模化、品牌化的方向不断推进的阶段。因此，开展智库服务是符合以上需求的重要路径，也一定会成为学术图书馆可持续发展历程中的必然选择。

（2）作为研究机构所具备的条件与优势，是学术图书馆开展智库服务的现实基础。

（3）目前，学术界的图书馆智库服务理论体系存在一些空白，这是对笔者致力于从事"学术图书馆智库服务研究"的理论要求；实务界可供参考的具有系统性的指导依据较少，是开展本研究的现实需要。在众多研究成果、学术活动中可以发现，我国的学术图书馆界已经意识到开展智库服务将为行业及社会发展带来多种益处，大量学术图书馆络绎不绝地参与到开展智库服务的工作中，它们在实践中得到了一些收获，积累了一定的经验。但是目前图书馆界依然缺乏对学术图书馆智库服务的系统性指导内容，这一主题的研究也远未形成理论体系。

1.2 研究目标及意义

1.2.1 研究目标

本研究的总体目标有以下四个方面：

第一，总结国内外学术图书馆智库服务具有代表性的实践经验，维护和激发我国学术图书馆智库服务的内在活力；

第二，发掘目前学术图书馆开展智库服务可能存在的现实障碍，缓冲学术图书馆开展智库服务的外在阻力；

第三，探索我国学术图书馆开展智库服务的优选路径，引领学术图书馆强化智库服务的综合能力；

第四，证明学术图书馆开展智库服务的价值，辅助学术图书馆全面提升社会竞争力。

1.2.2 研究意义

开展智库服务是学术图书馆扩大业务外沿，促进服务创新，提升社会地位，实现可持续发展的重要路径。同时，学术图书馆开展智库服务还将有益于对智库机构决策咨询工作科学性的维护和促进。尤其是在我国新型智库建设工作蓬勃发展的背景下，学术图书馆开展智库服务将会成为一种必然的趋势，这对整个图书馆界都具有重要的战略意义。但由于"智库服务"属于图书馆行业新的业务生长点，如何合理确立自身定位，选取合适的服务模式，如何突破障碍，提升服务能力，是当前学术图书馆开展智库服务亟待解决的问题。

对学术图书馆智库服务的研究客观上是将新的研究内容同时引向图书馆界与智库界,这必将起到扩大相关领域的研究外沿、完善科学研究理论体系的作用。

综上所述,本研究具有重要的现实意义和理论意义。

1.3 研究思路与方法

1.3.1 研究思路

本研究拟从三个方面展开:一是关于学术图书馆开展智库服务的"态势"问题;二是学术图书馆开展智库服务的"模式"问题;三是提升学术图书馆智库服务能力的"路径"问题。整体研究思路在于,通过梳理学术图书馆开展智库服务的进路来凸显学术图书馆智库服务的主要特点及在智库事业发展中的地位。具体章节安排如下:

第一章,绪论。详述研究问题的提出、研究意义及目标、总体思路及研究方法。

第二章,研究述评。利用文献调研法对国内外相关研究的现状进行梳理和总结,指出目前研究中存在的问题,以及潜在的研究方向。

第三章,相关概念及理论基础。与本研究主题相关的现有研究的基础较为薄弱,因此在研究过程中将涉及一些较为新颖的概念,这些概念在已有研究中偶有出现,但缺乏相应的规范和合理总结。因此，本部分研究将对"图书馆智库服务""智库馆员"等概念加以规范和完善，为后续的研究打下理论基础。本部分还将对相关理论进行借鉴、分析和总结，从而提升本研究整体的理论高度。

第四章，学术图书馆智库服务实践分析。本部分研究将采用案例调查的方式对国内外具有代表性的学术图书馆智库服务实践现状加以分析，总结其经验，发现其存在的问题。通过对学术图书馆智库服务实践的研究，可以更好地了解目前国内外学术图书馆智库服务所处的发展阶段，各类服务存在的优缺点等，从而获得对我国学术图书馆开展智库服务可能存在的启示。在本章中，笔者将还对世界顶级"事实型智库"的信息管理实践进行剖析，并基于研究结论提出"事实型智库"是学术图书馆向智库机构转型的可能性形态。

第五章，我国学术图书馆智库服务态度研究。本部分研究将对我国学术图书馆开展智库服务的态度与认知展开调查，通过问卷调查的方式获取我国学术图书馆对智库服务认知与态度的相关数据，并采用多种研究方法对所获数据进行分析和总结。通过综合以上调研结果，笔者将对我国学术图书馆开展智库服务存在的主、客观问题进行剖析，并对我国学术图书馆智库服务的发展趋势作出预判。

第六章，学术图书馆智库服务开展路径。第六章是本研究的升华部分，基于前几部分的铺垫，在第六章中，笔者提出了学术图书馆开展智库服务的主要路径：第一，合理选择服务模式；第二，积极设置智库馆员；第三，从完善信息管理体系着手,全面构建智库服务能力。

第七章,结语。

1.3.2 研究方法

本课题将采用文献调查法、实证研究法、案例分析法、比较法等研究方法。首先,通过文献调查获取研究所需的基本资料;其次,通过对国内部分重要学术图书馆的各类负责人员进行问卷调研,了解我国学术图书馆开展智库服务的态度和相关情况;再次,通过对典型案例的分析,总结国内外学术图书馆在智库服务方面的成功经验和存在的问题;复次,通过对学术图书馆智库服务模式进行比较研究,了解多种角度下的不同模式的特点及关联,并探索更多的可能模式;最后,再根据以上研究的结论,指出我国学术图书馆开展智库服务存在的问题和提升学术图书馆智库服务能力的可能路径。

1.3.3 创新点和难点

本研究的创新之处在于:

第一,研究视角的创新。从参与决策咨询工作的角度看学术图书馆智库服务,一则将会促使图书馆业务内容、图书馆学科体系更加丰富和完整;二则可折射出部分学术图书馆勇于创新,寻求可持续发展道路的意愿;三则探析了学术图书馆可能存在的"智库功能"与"智库角色",从而有望引起决策与政策制定者对学术图书馆的关注与倚重。

第二,对国内外学术图书馆智库服务情况进行系统分析,

第一章 绪论

提出辅助型、承托型、主导型等多种学术图书馆开展智库服务的方式,为图书馆智库服务模式的选择提供依据。

第三,本研究以"学术图书馆智库服务"为主线,但研究内容不仅限于图书馆领域,而是在更加宏观的背景下提出学术图书馆开展智库服务有助于提升决策咨询工作的科学性。

本研究的难点在于:

尽管我国的部分学术图书馆已经拥有了良好的外部环境和先天条件及明显优势,但能否高效开展智库服务仍然存在着众多亟待解决的问题。除了操作方式、平台搭建等方面的问题外,本研究的主要关注点为:一是学术图书馆是否存在强烈的意愿以驱动其主动开展智库服务;二是学术图书馆是否有能力将足够的人力、时间等各类资源投入智库服务工作;三是学术图书馆内部能否出现"智库专家",以及在学术图书馆具备智库功能时如何打通报送渠道等问题。

另外,用由自然科学中而来的"实证方法"研究本主题,不足以完美处理"人世"中较为精细的问题,因此,本研究具有一定的局限性。

本章小结

第一章主要交代了本论题的研究缘起、研究目标、所采用的研究方法和可能出现的研究创新之处以及开展这项研究存在的难点。本章是对笔者致力于"学术图书馆智库服务"相关问题研究的必要性与可行性的阐释。

第二章 研究述评

2.1 国内研究综述

笔者在 2019 年 10 月以"学术图书馆智库服务"为关键词于 CNKI 进行主题检索,所得结果为 0,可见目前国内研究中暂无直接以"学术图书馆"作为宽泛主体的相关研究。因此,笔者首先将检索条件设置成"主题词为'高校图书馆智库服务'或含'研究型图书馆智库服务'或含'大学图书馆智库服务',发表时段为'2014—2019 年',期刊类型为'核心期刊'或'CSSCI'",获得 93 篇期刊文献;其次,通过"图书馆智库服务"进行主题检索,另获得 9 篇与研究相关的硕博士论文;剔除与研究主题相关度较弱的文献,共保留 64 篇文献;借此,笔者对以上文献进行综述,总体来看,目前国内的相关研究可划分为"实践研究"及"理论研究"两大方面。

2.1.1 实践研究

目前,此主题下对实践的研究主要包括对单一案例的深入剖析和对多种实践现状的综合调查。

第二章 研究述评

(1) 对具体案例的剖析

与2014年之前不同的是，近五年来，学术界出现了大量的以具体案例分析为主要研究内容的学术图书馆智库服务研究，这些研究多是围绕国内外高校图书馆、我国各级社科院和党校图书馆等具有学术功能的图情机构展开的。例如，梁宵萌[1]、马芳珍[2]、张焕晨[3]等人分别对哈佛大学、北京大学、浙江大学等高校图书馆开展的智库服务进行深度剖析，证明了世界一流大学图书馆早已率先开展了智库服务，并且这项工作对智库机构的运转产生了一定的积极影响。吕长红[4]等以上海海事大学图书馆为例，提出高校图书馆应基于自身特色及优势积极构建信息智库，并逐渐将图书馆服务向智库服务转型。赵珊珊[5]认为高校图书馆参与智库建设需要根据自身条件寻找合理的角色定位，而上海对外经贸大学图书馆就是通过"项目制"的方式服务于智库建设的。黄长伟[6]通过案例分析，总结出了哈尔滨

---

[1] 梁宵萌. 哈佛大学图书馆面向智库的服务策略与启示 [J]. 图书馆论坛, 2019 (7): 144-152.
[2] 马芳珍, 李峰. 高校图书馆智库型服务探索实践及思考——以北京大学图书馆为例 [J]. 图书馆杂志, 2018 (9): 64-69.
[3] 张焕晨, 黄晨. 研究图书馆的智库职能与实践——以浙江大学图书馆为例 [J]. 大学图书馆学报, 2019 (1): 17-21.
[4] 吕长红, 陈伟炯, 梁伟波, 等. 高校图书馆信息智库构建研究——以上海海事大学图书馆为例 [J]. 新世纪图书馆, 2014 (2): 39-42.
[5] 赵珊珊. 基于项目制的图书馆参与高校智库建设研究 [J]. 图书馆, 2019 (3): 37-40.
[6] 黄长伟, 曲永鑫. 高校图书馆智库平台建设探究——以哈尔滨商业大学图书馆为例 [J]. 图书馆学研究, 2016 (12): 35-37.

商业大学图书馆智库平台建设的架构、内容和具体流程。吴育良[1]等认为，社科院图书馆是具有中国特色的智库信息保存和信息来源机构，在智库研究中承担了重要角色，社科院图书馆智库服务内容包括了文献信息采集、信息分析、信息成果管理等，社科院图书馆的智库服务要注重对灰色文献的开发，对智库专题数据库的建设和对智库成果的推广。郭登浩[2]提出社科院图书馆的智库服务具有两层意义：一是服务科研；二是深度的参考咨询；天津社会科学院图书馆的智库服务包括，对本院应用型研究的科研服务和对本院决策层的信息服务；从天津社科院图书馆的实践可以判断，开展智库服务将是社科院图书馆未来的发展方向。梁宵萌[3]对美国顶级高校智库内部的图书馆服务情况进行了深度分析，从智库机构的角度提出开展图书馆服务可从以下几个方面着手：设置专职馆员，构建多功能空间，提供学术指导服务等。李爱华[4]等以吉林特色新型智库为例，分析出高校图书馆在参与智库建设的过程具有文献信息资源管理、提供信息分析服务等特长，并证明了高校图书馆具有建设智库的能力。

---

[1] 吴育良，潘志良，韩松林. 基于智库理念的图书馆信息服务研究——以社科院图书馆为例 [J]. 情报资料工作，2014（3）：70-73.
[2] 郭登浩. 基于智库理念的社科院图书馆决策信息服务研究——以天津社会科学院图书馆为例 [J]. 图书馆工作与研究，2016（9）：80-83.
[3] 梁宵萌. 基于案例分析的美国顶级高校智库图书馆服务研究 [J]. 图书馆论坛，2018，38（1）：135-141.
[4] 李爱华，蔡宏，蔡越蠡. 新信息环境下高校图书馆智库能力建设研究——以吉林特色新型智库为例 [J]. 图书情报工作，2016，60（22）：34-40.

第二章 研究述评

（2）对现状的综合调查

除了对具体案例的分析，还有一部分基于实践的研究是对国内外学术图书馆智库服务现状的综合调查。例如，张惠梅[①]通过梳理总结我国各类图书馆的智库服务现状，提出智库机构与图书馆事业存在天然的联系；高校图书馆通过构建文献服务体系，为智库机构提供综述、评估报告，开展面向智库机构的培训等方式参与高校智库的建设，高校图书馆需要以"信息产品生产"和"智库人才培养"为目标协助高校工作，图书馆还应为高校决策层、地方政府、企业等各个方面提供结合调查分析、决策报告等功能的服务。费晶[②]通过总结目前国内高校图书馆智库服务实践的相关研究，提出具有多种优势的高校图书馆的智库服务必然会得到发展和创新，高校图书馆需重点做好知识支撑、咨询、评价、传播四个方面的工作，进而由信息资源的管理机构向信息产品生产机构、决策咨询机构转型。万文娟[③]利用文献调查法对我国图书馆智库服务研究进行总结，指出目前图书馆开展智库服务存在发展理念、人力资源、需求调研、经费投入等方面的障碍。鹿遥[④]等利用问卷调查的方式，分析出我国高校图书馆具有参与高校智库建设的可行性，其有

---

① 张惠梅. 图书馆参与新型智库建设的现状、问题与对策［J］. 图书馆论坛，2017，37（9）：109-115.
② 费晶. 面向新型智库建设的高校图书馆服务与发展研究［J］. 图书与情报，2017（1）：116-118，73.
③ 万文娟. 我国图书馆智库服务的现状、障碍与对策分析［J］. 图书馆工作与研究，2018（3）：16-21.
④ 鹿遥，张旭. 我国高校图书馆智库职能调查与分析［J］. 图书馆，2017（7）：27-32.

利条件在于信息资源、人力资源、高校图书馆与高校其他部门具有联动性等,而制约因素则有图书馆对智库服务的重视程度、馆员素养、资金等。高咏先[1]基于对254所高校智库数据库建设现状的网络调研,提出高校图书馆在智库数据库建设中应遵循的服务策略:面向智库需求建设专题数据库,建设智库知识库,借助图书馆联盟促进智库相关资源的共享与共建,开展智库评价服务等。谭玉[2]、胥文彬[3]等对国外高校图书馆智库服务情况进行了梳理,总结出美国哈佛大学、斯坦福大学、哥伦比亚大学图书馆,瑞典斯德哥尔摩国际和平研究所图书馆等国际一流学术图书馆在智库服务方面的经验,并指出我国高校图书馆应借鉴国外先进经验,积极开展与智库的双向合作,将智库服务纳入图书馆发展战略规划中。

2.1.2 理论研究

(1) 对研究进展的综述

随着学术界对图书馆智库服务关注度的提升,2016—2020年,图情专业领域产生了大量基于这一主题的研究成果,并且发文数量呈现出逐年增长的态势,不断有学者对图书馆智库服

---

[1] 高咏先. 国内高校智库数据库建设现状及图书馆服务策略研究 [J]. 图书情报工作, 2017, 61 (10): 43-49.
[2] 谭玉, 张政, 田思阳. 美国高校图书馆服务智库建设的探索及启示 [J]. 图书馆工作与研究, 2018 (6): 17-21.
[3] 胥文彬. 国外图书馆智库服务现状与启示 [J]. 图书馆工作与研究, 2019 (6): 30-35, 54.

务的研究进展进行综述。例如，黄长伟[①]等利用文献调查法对我国高校图书馆智库服务研究的现状进行了主题分析，指出2010年—2018年6月，学者们在此领域的研究主题主要集中在：图书馆与智库的关系，高校图书馆的智库职能、智库能力，高校图书馆为智库建设提供服务等方面。林志华[②]在对我国图书馆服务智库建设的研究综述中指出，目前图书馆界对于智库的研究处在较为热情的阶段，但是中小图书馆对智库服务的反应滞后于规模较大的图书馆，图书馆馆员对于智库的了解也不甚清晰，因此对于图书馆智库服务理论模型和操作方案的研究仍有一定的探索空间。郭卫宁[③]通过对我国图情领域以智库为主题的文献、项目、会议等线索的挖掘，除了对这一主题的研究现状加以总结外，还提出目前研究中存在的问题有：研究内容的深度不足，应用研究较为薄弱，研究方法有待升级。杨琳[④]从图书馆智库研究的起源、内涵、功能、服务等多个方面对已有研究进行梳理和分析，总结了这类研究的特点及不足；该综述的创新之处在于，提出在目前研究中对图书馆与智库机构关系的研究较为乏力，缺少对具有中国特色的新型图书馆智

[①] 黄长伟，铁峰. 我国高校图书馆智库服务研究现状与展望 [J]. 图书馆工作与研究，2019（7）：66-70.
[②] 林志华. 我国图书馆智库建设服务研究综述 [J]. 图书馆工作与研究，2017（6）：46-51.
[③] 郭卫宁. 我国图书情报学领域智库研究综述 [J]. 新世纪图书馆，2018（12）：82-87，97.
[④] 杨琳. 图书馆智库研究现状与展望 [J]. 图书馆工作与研究，2019（6）：41-47.

库研究的内容。肖荻昱[①]借助 CiteSpace 软件对我国图书馆智库服务进行了可视化分析，并对未来的研究趋势进行了展望；这项研究的创新之一就是提出了，目前在该主题下的研究较多地集中在图情行业内部，而学者们对影响图书馆智库服务的外部因素思考不足，因此，今后的研究应向图书馆智库服务的政策扶持和制度保障等方面倾斜。黄晓斌[②]等对我国智库建设的情报保障研究进展进行了综述，并发现以"智库"作为核心词汇进行聚类分析时，"图书馆""高校图书馆"等关键词紧密围绕在其周围，进而证明了图书馆作为情报保障机构在智库建设中发挥的作用在一定程度上获得了学术界的认可。

（2）对图书馆与智库关系的探讨

在理论研究中，学术界探讨图书馆与智库之间关系的文章出现较早且出现频率较高，研究问题包括：对图书馆智库功能的讨论、对学术图书馆开展智库服务优势的总结、对学术图书馆向智库机构转型的探究等；大部分学者认可学术图书馆与智库机构间的有机关联，同时也有极少数学者发出了不一样的声音。张旭[③]、张雅男[④]等从中西方图书馆历史沿革的角度提出"智库功能"是中西方图书馆的共同本源。虽然西方图书馆的

[①] 肖荻昱. 基于 CiteSpace 的图书馆智库服务研究可视化分析 [J]. 图书馆工作与研究，2018（11）：94-99.

[②] 黄晓斌，王尧. 我国智库建设的情报保障研究进展 [J]. 情报理论与实践，2017，40（5）：127-131.

[③] 张旭，鹿遥. 从中西方图书馆历史沿革看图书馆智库功能 [J]. 情报资料工作，2019，40（4）：105-112.

[④] 张雅男，张纬卿. 中西方古代图书馆智库服务研究 [J]. 图书馆工作与研究，2019（3）：82-87.

第二章　研究述评

智库功能较为明显，但中国历史上的"藏书楼"等机构也具备咨政功能；图书馆在不同历史时期的智库功能表现形式不同，但"辅助决策"和"影响大众"的目标没有改变；智库职能早已成为西方图书馆的传统职能，中西方图书馆的功能则日益趋同，并可以在共同的平台上相互交流与学习；在全球智库发展浪潮中，图书馆有必要将智库职能从"潜在之能"上升到"显性优势"。初景利[①]指出，在信息时代背景下，用户需求及行为不断发生变化，这导致了图书馆能力结构和要素关系的改变，因此图书馆必然要历经从资源能力到服务能力的变革，这其中就包括从图书馆服务向智库服务的升级。曾建勋[②]认为图书馆虽然不是智库机构，但是与智库机构的关系非常密切，二者的任务都包括服务于决策，因此图书馆不但要积极服务于智库发展，智库机构也要重视构建图书馆。徐路[③]通过对 IFLA《图书馆和联合国 2030 年议程的实施》和 ALIA《澳大利亚图书馆与信息协会支持 2030 年可持续发展目标》进行分析，指出为促进图书馆的可持续发展，中国也应该加强制订图书馆战略规划，其内容包括指导图书馆参与智库建设和实现智库功能。赵雪岩[④]等认为高校图书馆开展智库服务具有可行性，并分析了高校图书馆开展智库服务的优势在于文献资源、人力资源、学科

---

① 初景利，赵艳. 图书馆从资源能力到服务能力的转型变革 [J]. 图书情报工作，2019，63（1）：11-17.
② 曾建勋. 推进图书馆智库服务 [J]. 数字图书馆论坛，2016（5）：1.
③ 徐路，孙掌印，程煜. 可持续发展背景下图书馆的新机遇与智库功能实现研究 [J]. 图书馆，2019（3）：31-36.
④ 赵雪岩，彭焱. 高校图书馆参与高校智库建设与服务的优势及路径研究 [J]. 图书情报工作，2016，60（22）：28-33.

服务能力等多个方面。

陆雪梅[①]通过分析我国新型高校智库的建设情况及需求，提出我国图书馆服务新型智库建设具有可行性，尤其是资源和功能丰富、业务水平较高的学术型图书馆更应该在推动智库事业发展中大有作为。刘芳[②]等对中国高校图书馆的智库服务进行了较为具体的定位："基于图情专业的优势，以高校智库需求为导向，利用信息资源及情报服务向高校智库提供信息支撑，发展为高校智库的信息库、情报库、知识库"。张振华[③]对高校图书馆的智库服务具体职能作出了界定：产生政策思想，提出政策方案，开展信息咨询，教育社会大众等。刘雨农[④]等提出高校图书馆不能成为独立的智库机构，但是依然可在智库建设中充当重要角色，因此高校图书馆要积极对现有服务进行全面升级，通过调整信息资源开发方向、拓展信息服务内容等手段，使服务方式由面向教学科研的"咨询"向辐射全社会的"咨政"进行转变。田燕妮[⑤]虽然对高校图书馆具有智库功能持肯定态度，但与其他学者不同的是，田燕妮认为高校图书馆是大学的组成部分，本质上是一种学术机构，其核心功能在于服务

---

① 陆雪梅. 高校图书馆服务新型智库建设的思考［J］. 图书馆学研究，2016（8）：79-82，88.

② 刘芳，陈芳，万乔. 高校图书馆智库服务工作研究［J］. 图书馆工作与研究，2018（1）：18-22，28.

③ 张振华. 高校图书馆智库职能的理性思考［J］. 图书馆工作与研究，2017（3）：47-50.

④ 刘雨农，刘敏榕. 从咨询到资政——高校图书馆智库的角色转变与服务升级［J］. 新世纪图书馆，2018（8）：30-32，55.

⑤ 田燕妮，姚星惠. 关于发挥我国高校图书馆智库服务功能的几个问题［J］. 图书馆，2016（12）：93-97.

高校教学、科研、人才培养、学科建设，而不应将决策咨询作为重点，因此高校图书馆不能成为"智库机构"。

另外，刘爱华[①]、杨蔚琪[②]、张雅男[③]分别对党校、社科院图书馆等学术图书馆的智库功能进行了分析，并提出开展智库服务是这些图书馆实现服务创新、功能转型的可行性措施。

（3）对学术图书馆智库服务模式、体系的研究

张旭[④]等认为，对高校优质信息和人力资源具有整合能力，是高校图书馆开展智库服务的优势之一；高校图书馆智库服务的对象较为多元，既包括高校、企业、政府，也可以包括其他智库机构；因此，高校图书馆的智库服务模式也是多样化的，可被划分为主导、协同和辅助三种类型。龚花萍[⑤]等提出了传统的图书馆智库服务与"功能型"图书馆智库服务的区别，后者的服务内容包括：挖掘企业—政府—科研机构的智库需求，推动三方合作，管理智库信息成果和相关数据。这类图书馆智库服务包括了：以研究课题为导向的服务，智库机构中介服务，数据管理三种模式。从该研究对"功能型图书馆"的分析来

---

① 刘爱华.智库建设背景下党校图书馆服务转型思考［J］.中共福建省委党校学报，2015（12）：96-99.

② 杨蔚琪.现代智库建设视域下党校图书馆的服务创新研究［J］.现代情报，2014，34（9）：145-148.

③ 张雅男.社科院图书馆智库建设服务研究［J］.新世纪图书馆，2016（7）：35-38.

④ 张旭，张向先.高校图书馆智库信息服务模式研究［J］.图书馆学研究，2017（14）：59-65.

⑤ 龚花萍，高洪新，胡媛.功能型图书馆智库服务模式及发展研究［J］.图书馆学研究，2017（8）：22-28.

看，这类图书馆多指学术图书馆。刁羽[1]认为"小数据"理念与高校图书馆智库服务具有一定的契合度，具体体现在智库服务的差异化、用户对智库服务需求的精准化、知识产权及用户隐私的安全性；高校图书馆智库服务目标用户的小数据可被归类为：科研团队、读者、企业及图书馆联盟成员四个方面；因此，高校图书馆要重视信息的因果关系及数据的精确配置，针对不同用户提供差异性服务，打造个性化服务模式。李菲[2]等通过利用 SWOT 分析，对高校图书馆开展智库服务的优势、劣势、机遇、困难等内容加以归纳，并提出目前高校图书馆的智库服务模式有"委托型"和"推送型"两类。"委托型"服务模式在目前的高校图书馆较为常见，主要是指图书馆接收用户委托，首先从本地或借助馆际联盟的信息资源中查询用户所需内容，通过筛选、整理获得相关数据并交付给智库专家，由专家进行分析形成信息成果，进而提交给用户；"推送型"服务模式与"委托型"相比，突出的特征就是具有较强的主动性，不受委托任务的限制，科研能力较强的高校图书馆可选择这种服务模式。陈华[3]等认为目前的图书馆智库服务可被归纳为资源采集、参考咨询、信息推送、评价反馈四种模式，在以上四个方面的工作中要重视对"关联数据"理念和技术的使用，以

---

[1] 刁羽. 基于小数据的高校图书馆智库型信息咨询服务模式研究 [J]. 图书馆工作与研究, 2019（8）：82-86.
[2] 李菲, 林橦, 于金平. 生命周期范式下大学图书馆科研智库服务模式构建与应用研究 [J]. 图书情报工作, 2018, 62（24）：72-78.
[3] 陈华, 徐琰, 沈婕. 关联数据环境下的图书馆智库服务模式研究 [J]. 图书馆学研究, 2017（15）：89-97.

促进资源的有效整合和合理利用。王凤满[1]以综合分析"服务对象"为切入点提出目前我国高校图书馆智库服务要满足四个方面的需求，即高校管理层和科研团队、当地政府和企业；面对多方需求高校图书馆要重视发挥信息资源、专家队伍、服务技能、服务经验等方面的优势，搭建能够满足多方需求的完善、合理的服务体系。

（4）对学术图书馆智库服务策略、路径及能力的研究

黄如花[2]等认为参与新型智库建设是我图情机构创新发展的良好机遇，具体参与方式有：基于信息资源优势直接提供智库服务，将参考咨询服务升级为知识咨询服务，为智库提供情报技术支持，开展信息计量服务，对智库成果二次开发。黄长伟[3]从建设智库信息服务保障体系的角度分析出智库的信息服务需求具有时效性、全面性、权威性、持续性等特点，而高校图书馆的信息服务则与以上需求存在一定的差异。因此，为了更有效地开展智库服务，高校图书馆需要加强特藏建设、打造信息服务平台、提升数据分析能力等。赵雪岩[4]等指出，学术界对于高校图书馆智库服务的研究有待加强，高校图书馆需从服务平台开发、服务联盟和数字资源建设等方面完善服务策略。

---

[1] 王凤满.我国高校图书馆智库型服务体系研究[J].图书情报工作，2015，59（23）：45-50.

[2] 黄如花，李白杨，饶雪瑜.面向新型智库建设的知识服务：图书情报机构的新机遇[J].图书馆，2015（5）：6-9.

[3] 黄长伟，陶颖，孙明.高校图书馆参与智库信息服务保障体系建设研究[J].图书馆工作与研究，2018（7）：11-14.

[4] 赵雪岩，彭焱.高校图书馆智库服务的多维度思考[J].图书馆工作与研究，2018（2）：87-92.

贾旭楠[①]认为高校图书馆开展智库服务需作出适当的战略选择：增强服务意识促进服务升级，从多种渠道寻找经费支持，以图书馆联盟促进资源共享，引进"旋转门"机制以建设人才队伍。薛新波[②]等提出，目前我国图情机构的智库服务应将工作重点放在构建新型"智库知识联盟"、提供知识定制服务等方面。刘速[③]等通过分析我国各类图书馆的智库服务工作，提出图书馆智库服务需要根据不同的图书馆类型来建立具有特色化、协同化、多元化的发展策略。庞莉[④]认为我国部分高校、科研院所图书馆有望成为"智库型图书馆"，而这类图书馆可利用互联网建设"知识服务虚拟平台"来优化智库服务。

万文娟[⑤]认为，高校应将图书馆作为主体开展智库信息资源建设工作，图书馆的责任在于制订智库信息资源建设方案，对智库现有信息资源进行升级，管理智库信息成果，促进智库信息资源的共享。张善杰[⑥]等从"产业智库"需求的角度，提出在某些具有行业特色的高校中，图书馆信息资源建设工作需

---

① 薛新波，周中林. 新型智库战略下图书情报机构的服务重点探究 [J]. 情报科学，2017，35（9）：84-89. 贾旭楠. 高校图书馆智库建设 SWOT 分析及策略研究 [J]. 图书馆工作与研究，2019（3）：118-123.

② 薛新波，周中林. 新型智库战略下图书情报机构的服务重点探究 [J]. 情报科学，2017，35（9）：84-89.

③ 刘速，刘妍序. 试析我国图书馆智库服务策略 [J]. 图书馆工作与研究，2017（5）：65-69.

④ 庞莉. 智库型图书馆知识服务的需求分析及优化策略 [J]. 图书与情报，2018（4）：105-110.

⑤ 万文娟. 面向高校智库的高校图书馆信息资源建设探讨 [J]. 现代情报，2018，38（6）：117-121.

⑥ 张善杰，陈伟炯，陆亦恺，等. 面向产业智库需求的行业特色高校图书馆信息保障策略研究 [J]. 图书馆建设，2016（1）：47-50，57.

第二章 研究述评

要建立在符合行业信息需求的基础上，因此要将重点打造行业数据库、建立具有产业特色的信息需求保障制度等作为发展策略。姜晓婷[①]通过分析党校图书馆开展智库服务的优势与短板，提出作为参与新型智库建设的重要成员之一，党校图书馆应提升服务的主动性，追求顶层设计的合理化，推进服务理念、平台的升级。

张旭[②]等以"能力成熟度模型"为基础，通过梳理和总结高校图书馆智库服务流程，建立了"高校图书馆智库服务能力模型"，以期对我国高校图书馆衡量和提升智库服务能力做出量化参考。张旭[③]等以"信息生态理论"为基础，提炼出若干影响高校图书馆智库服务能力的因素，进而指出高校图书馆智库服务能力的提升与"协同创新能力""战略规划能力"等影响因素关系较为密切。黄长伟[④]等提出高校图书馆智库服务的三种必备能力是信息采集能力、信息分析能力、服务能力，高校图书馆应基于以上三种能力的提升来制定相应的服务策略。赵发珍[⑤]将高校图书馆智库服务能力划分为基本能力、关键能力、核心能力、特色能力四个维度：信息资源建设与传播能力

[①] 姜晓婷. 新时代党校图书馆服务新型智库建设路径研究 [J]. 图书馆工作与研究, 2018 (6)：84-90.
[②] 张旭, 赵彬, 卢恒, 李宇佳. 高校图书馆智库服务能力成熟度模型及评价研究 [J]. 图书馆, 2019 (7)：26-33.
[③] 张旭, 张向先, 李中梅. 信息生态视角下高校图书馆智库信息服务能力影响因素研究 [J] 图书馆工作与研究, 2019 (2)：30-39.
[④] 黄长伟, 曲永鑫. 高校图书馆智库能力建设探究 [J]. 现代情报, 2016, 36 (11)：128-131.
[⑤] 赵发珍. 大学图书馆智库功能与能力建设研究 [J]. 图书馆学研究, 2016 (17)：22-27, 90.

是基本能力，而关键能力在于分析处理和舆论引导，学术与决策支持能力是核心能力，知识服务则是特色能力；各能力之间的关系是相辅相成的，而图书馆智库服务能力并不限于以上内容。

(5) 其他

另有部分与学术图书馆智库服务相关的研究，这部分研究的主题较为分散，如智库馆员、智库服务背景下的图书馆联盟等。梁宵萌[1]对美国高校图书馆中的"智库图书馆员"这一职业角色进行了研究，分析了哈佛大学图书馆两位智库馆员的履历背景、工作内容等方面，得出了"智库馆员"需要具备的三种能力，即图书馆基本业务能力、针对智库相关事务的服务能力、科研能力。胡燕[2]通过分析"智库馆员"能力素养的不同维度，提出了提升智库馆员能力的路径，即加强图书馆人才管理的顶层设计，创造利于智库馆员发展的外部环境等。程煜[3]、严愿萍[4]等认为，在我国大力发展智库事业的背景下，图书馆开展智库服务应充分利用"图书馆联盟"的形式促进智库信息资源建设与共享、提升智库信息成果的管理与传播。还有部分学者对

---

[1] 梁宵萌. 美国高校图书馆智库馆员服务调查与启示 [J]. 图书馆论坛, 2019, 39 (9): 165-171.

[2] 胡燕. 智库馆员素养能力发展路径研究 [J]. 图书馆工作与研究, 2018 (12): 45-49, 62.

[3] 程煜. 智库建设视角下图书馆联盟网络的研究 [J]. 图书馆理论与实践, 2019 (7): 51-55.

[4] 严愿萍, 石媛, 赵乃瑄. 区域跨系统图书馆联盟参与新型智库服务研究 [J]. 新世纪图书馆, 2018 (8): 33-36.

党校或高校图书馆搭建智库服务平台①、通过智库服务参与社会服务②、利用创客空间开展智库服务③等内容进行了研究。

2.2 国外研究综述

从国际高端智库机构的信息管理实践来看，它们中的绝大部分成员都具有较为完善的信息管理实践体系，这些机构往往较为重视设置图情部门，其信息吸收、信息分析、信息资源开发、信息传播等工作主要由机构独立自主完成。因此，目前国外学者较多地选择从智库机构本身的视角对决策咨询相关问题开展研究。

学者 Medvetz④ 在其名为《美国智库》的论著中提出，智库作为融合了多学科知识的政策咨询机构的特殊属性是由政治、经济、文化和社会媒体等多重领域构成的复合式空间。美国宾夕法尼亚大学的著名学者 James G. Mc Gann⑤ 则致力于对全球智库机构影响力相关问题的研究，并在其著作中研讨了智库机构

---

① 魏秀玲.党校图书馆智库服务平台建设的若干思考 [J].中共福建省委党校学报，2018（7）：117-120.

② 陈良.基于智库的高校图书馆社会服务探析 [J].图书馆工作与研究，2018（3）：47-51.

③ 庞莉，赵豪迈.供给改革思路下智库型图书馆与创客空间结合的知识极化机理研究 [J].图书馆论坛，2018，38（6）：16-23.

④ Medvetz T. Think Tanks in America [M]. ChicagoThe University of Chicago Press, 2012：33-41.

⑤ James G. Mc Gann. How Think Tanks Shape Social Development Policies [M]. University of Pennsy lvania Press, 2014.

对社会政策的作用机制。Juan[1]等学者利用数据分析的方法,构建了智库机构在国际事务中存在的"网络关系",从而提出了智库机构的运行往往会作用于国际关系问题。另外,美国的智库机构在国际问题的磋商、碰撞、合作以及媒体间的对话中起了主导作用。

Patricia Linden[2]认为在目前全球化发展的趋势下,智库机构已参与世界范围的竞争,因此,这类机构须对其产出的信息成果进行广泛、积极的传播。如果智库机构仅仅将资源投放在信息成果的产出,而忽略了其有效传播,那么就算这些信息成果的价值再高,也难以释放影响力。有学者[3]提出,随着信息化时代的到来,智库机构的发展越发离不开对媒体的利用,而在一些对于智库机构进行评价的研究项目中,媒体的利用情况已经成为评价体系中的重要指标。

Abulrahman[4]等学者运用比较研究法,对高校智库与其他智库机构进行了对比分析,并得出高校智库在智库研究中由于其科研条件、经验等较为完善而具有一定的优势,但是高校智

---

[1] Juan Luis Manfredi-Sánchez, Juan Antonio Sánchez-Giménez, Juan Pizarro-Miranda. Structural Analysis to Measure the Influence of Think Tanks' Networks in the Digital Era [J]. The Hague Journal of Diplomacy, 2015, Vol. 10 (4), pp. 363-395Brill.

[2] [加] 唐纳德·E. 埃布尔森. 智库能发挥作用吗? ——公共政策研究机构影响力之评估 [M]. 上海:上海社会科学院出版社, 2010: 83.

[3] [加] 唐纳德·E. 埃布尔森, 斯蒂芬·布鲁克斯. 严志军, 周诗珂, 译. 智库、外交和地缘政治:实现影响力的路径 [M]. 南京:南京大学出版社, 2018: 68, 122.

[4] Zhihong ZENG, Abulrahman Suleiman. Research on Path of the New Colleges and Universities Think Tank Construction With Chinese Characteristics [J]. Abdulrahman Canadian Social Science, 2015, Vol. 11 (9), pp. 113-118.

库的发展依然存在一些问题，如机构影响力不足、对决策与政策制定的贡献率有待提高等。Sarah[1]等学者对大学中的教研人员通过开展合作而进行智库研究的机制进行了剖析，发现具有科研和教学经验的大学学术工作者的积极合作将有利于创新性思想的产生。

早在10年前，学者Thunert M[2]便通过研究世界高端智库机构的运作情况提出高端智库的工作内容之一就是对相关行业的发展规律及特质进行分析和总结，而这部分工作主要是由高端智库机构内部的情报部门负责的，除了机构内部设置情报部门，高端智库还较为重视与本机构外的情报机构开展合作；在很多国家的决策咨询体系中，情报信息机构早已被认定为"智库机构"。

2.3 研究述评

纵观国内外对于学术图书馆智库服务的研究，显而易见，由于我国的智库事业还处于快速发展的阶段，大部分智库机构的信息管理实践体系还有待完善，在这一阶段，我国的智库机构与世界经典智库相比则更加需要图情机构的襄助，因此，在

---

[1] Sarah K. Henry, Judith A. Scott, Jan Wells, Bonnie Skobel, Alan Jones, Susie Cross, Cynthia Butler, Teresa Blackstone. Linking University and Teacher Communities: A "Think Tank" Model of Professional Development [J]. Teacher Education and Special Education, 1999, Vol. 22 (4), pp. 251-268.

[2] Thunert M. The information and decision support centre (IDSC) of the egyptian cabinet: A think tank in the making [J]. Zeitschrift für Politikberatung. 2009, 2 (4): 679-684.

某种程度上，国内对于学术图书馆智库服务的研究成果数量更大，研究问题更为丰富，国内智库机构与学术图书馆也将形成更加紧密且符合我国国情的联系。在国外，由于智库机构通常会设置其下属的图情部门，因此学术界的相关研究则大多体现在对智库机构本身的信息管理与决策咨询机制方面。综上所述，我国学术界对这一主题的研究呈现出更加活跃的态势，未来的发展空间也将更加广阔。

在国内的研究中，虽然出现了大量的对于国内外图书馆智库服务案例的分析，但是较多地集中在对某个图书馆或某种类型图书馆的研究，而缺乏对多个图书馆、不同类型图书馆，或不同区域图书馆的大规模比较分析；对于国外图书馆的案例研究较多地聚焦在对美国的几个著名高校图书馆的分析，而缺乏对其他国家高水平学术图书馆智库服务的研究；另外，目前我国学术界对于国外学术图书馆的案例研究落脚点较多地在于受到怎样的"启发"，而缺乏必要的反思。因此，未来的研究可以加强对不同类型、不同地区等图书馆间的比较分析，形成系统性的研究成果；除了对国外先进经验的借鉴，我们还要时刻意识到国内外具体情况的差异，并对国外经验背后的不足之处保持警惕。

"学术图书馆智库服务"这一主题是在近几年受到学术界广泛关注的，因此该主题下的综述研究所涉及的内容年份跨度较小，随着研究的深入，未来可能出现具有10年以上跨度的大型综述性研究。目前，这一主题的研究思路较为雷同，研究方法创新性不足。具体体现在，除了综述性研究外，对于其他问题的研究也较多地使用文献调查的方法，而缺乏对实证研究等科学方法的利用。未来的研究者可加强对智库机构、学术图书馆、社会大众等多个方面开展实证调查分析，以科学数据支撑详细问题的讨论。

目前，学术界对"学术图书馆智库服务模式"的研究出现了维度不清、概念混乱、观点片面的现象，这也是该主题较为新颖、研究基础相对薄弱必然会出现的情况。对于"图书馆智库服务模式"的界定与划分，大部分研究是基于某种理念或某种技术而划分的，虽然"模式"的问题本身没有既定答案，对模式的分析往往与研究角度相关。因此，本研究认为对于服务模式的问题，则更加需要从多种维度进行划分，并在现有条件下力争对其进行全面的梳理与总结。另外，在对部分研究成果的考察中，笔者发现由于部分学者对于智库相关知识的储备不足，导致了对于"图书馆"与"智库机构"关系上的理解偏差或者界定不清，很多学术词语有待规范，如"图书馆智库服务""智库馆员""智库信息成果""智库专家"等。笔者认为开展本研究的目标之一就是力争将本主题下的相关概念由"争论"状态逐步推向"共识"状态，最终形成"规范"。

本章小结

在第二章中，笔者利用文献调查的基本方法对与本主题研究相关的国内外研究成果进行了梳理和总结，对目前学术界的研究现状进行了较为完善、系统的分析与提取，对相关研究存在的问题进行了述评，并对未来的研究进行了展望。

第三章 相关概念及理论基础

3.1 相关概念

3.1.1 智库机构

(1) 内涵

在数百年的民主化进程中,出现了"决策代议制",而由少数"精英"主导决策正是代议制的根本特性;但随着社会信息量的指数级增长,决策环境也在不断地趋于复杂化;由此,代议制与"信息环境复杂化"之间的矛盾便催生了决策咨询机构的出现[①]。历史上,包括"智库(think tank)""事实库(fact tank)""思想库(think bank)""思想工厂(think factory)""外脑(outside Brian)""智囊(brain trust)"等在内的决策咨询机构都可以被视作智库。

现代智库机构诞生于第一次世界大战后的美国,如1919年成立的胡佛研究所(The Hoover Institution),1927年成立的布

---

① 徐晓虎,陈圻. 智库发展历程及前景展望[J]. 中国科技论坛, 2012 (7): 65.

第三章 相关概念及理论基础

鲁金斯学会（The Brookings Institution）等；第二次世界大战后美国新生了大量政策咨询机构，如1948年成立的兰德公司（LAND）；从20世纪60年代开始，智库机构的类型逐渐趋向多元，出现了如传统基金会（Heritage Foundation）、卡特中心（The Carter Center）等；20世纪90年代，美国智库机构进入全球扩张期，与此同时，欧洲、日本的智库机构发展也日益蓬勃[①]。虽然中国历史上很早就出现了"门客""谋士""军师""智囊"等被统治阶级作为人才储备而专门从事策略研究和咨询活动的角色，但现代智库机构起步较晚，其发展大体与"改革开放"同步；20世纪90年代初至今，中国智库机构在全球的影响力不断增强，截至2019年1月，中国智库机构数量位居世界第二，并在全球事务中发挥着一定作用。

目前，社会上广泛使用的"智库"主要就是指现代智库机构。现代智库是由学者保罗·迪克逊（Paul Dickson）首先提出的，该学者认为"智库"是具有相对独立性和稳定性的以机构形式存在的政策研究中心，智库的主要工作就是对影响政府、商业、社会大众的决策、政策相关问题进行综合研究，并面向决策与政策制定者开展咨询服务[②]。

（2）功能

现代智库的功能在20世纪70年代就已经不仅限于对国际关系、军事等相关问题的研究和咨询，而是不断向经济、社会

[①] 王莉丽.旋转门——美国思想库研究 [M].北京：国家行政学院出版社，2010：47.

[②] Paul Dickson. Think Tanks（New York：Atheneum, 1971），1-3, 26-35.

等多种方向发展[①]；智库机构被认为是一种介于政治、经济、知识、媒体之间的"新存在"[②]。

结合现代智库事业的发展历程和运行规律，笔者将智库机构的主要功能归纳为：产生信息成果，如政策报告、公共知识、科研成果、社会新闻等；搭建信息交互平台，如开展和参与学术会议、论坛、研讨活动等；构建培养体系，面向全社会吸收和输出咨政人才；向媒体释放观点和输出素材，对社会舆论产生了基于本机构观点的导向。

（3）分类

全球智库机构的分类往往因国家、地区或政治形态的不同而具有一定的差异性。通常在具体的学术研究中，较为宽泛的分类方式是将智库按照广义的机构性质划分为：政治型智库、商业型智库、学术型智库[③]；这种分类方式也是全球学者惯常使用的方法。

在中国新时代建设新型智库的语境下，笔者认为有必要对我国的智库机构进行基于国情的具有本土化特色的分类。因此，依照我国学术界具有权威地位的智库研究机构——南京大学中国智库研究与评价中心所构建的"中国智库索引（CTTI）"，中国境内的智库机构可根据所属单位被划分为：党政部门智库、社科院智库、党校行政学院智库、高校智库、军队智库、科研

[①] 李凌. 中国智库影响力的实证研究与政策建议 [J]. 社会科学, 2014 (4)：6.

[②] Tom Medvetz. Think Tanks as an Emergent Field [R]. Social Science Research Council, 2008.

[③] James G. Mc Gann, R. Kent Weaver. Think Tanks and Civil Societies: Catalysts for Ideas and Action [M]. NewJersey: New Brunswick Transaction Publishers, 2000.

院所智库、企业智库、社会智库、媒体智库等类型[①]。另外，从具体功能的维度来看，智库机构又可被划分为：事实型智库、观点型智库、内参型智库、媒体型智库、平台型智库等。综上所述，在归类某一具体智库机构时，可根据其性质、所属单位以及功能加以综合判定，详见表3-1。

表3-1 智库机构多维分类

分类方式	具体类别
机构性质	政治型智库、商业型智库、学术型智库
所属单位	党政部门智库、社科院智库、党校行政学院智库、高校智库、军队智库、科研院所智库、企业智库、社会智库、媒体智库等
功能	事实型智库、观点型智库、内参型智库、媒体型智库、平台型智库等

3.1.2 学术图书馆

对于"学术图书馆"的具体设定在各类研究中存在一定差异，而在本研究中，"学术图书馆"主要可包含高校（大学）图书馆、科研院所下设图书馆，以及其他具备了一定学术功能的图书馆；并且在无特别说明的情况下，本研究中所提及的"图书馆"均指"学术图书馆"。具体类别的图书馆必然在职能、角色、定位、作用、发展战略等方面存在差异，但是学术

---

① 李刚，王斯敏，丁炫凯，等．中国智库索引［M］．南京：南京大学出版社，2018：3．

图书馆作为一种科研群体,其共同的使命都是服务于学术研究,保障学术成果的生产、管理、评价、传播等[1][2]。

3.1.3 图书馆智库服务

"图书馆智库服务"这一概念在近年来的学术研究中并不鲜见,而且经常出现在探讨图书馆与智库机构关系的文献中;但因研究者之间存在着差异,学者们对这一概念的理解和应用也不可避免地出现了一些混淆和误区。在部分研究中,图书馆智库服务被简单地体现为"图书馆是智库的'服务者'";另有研究,则将带有偶发性质地生产出"信息产品"的图书馆认定为智库机构。当然,这些现象在实践中无伤大雅,但在学术研究中则会造成行业内外对图书馆智库服务的混乱认知,甚至影响到对图书馆与智库机构关系的定位,而不利于未来学术界研究和实务界实践的开展。基于自身可持续发展与智库机构科学发展的双向需求,图书馆势必将以更加切实的行动和具有影响力的角色参与决策咨询工作。因此,将"图书馆智库服务"确立为一个专有名词,并对其加以严格总结,规范其内涵,分析其层次,总结图书馆智库服务的模式,将对未来的研究和实践产生积极的影响。

通过调查可发现,目前图书馆智库服务主要包含以下三种具体情况,并可将其视作 a、b、c 三个层次,三者之间具备了

---

[1] FELLOWE. Scholarly communication, scholarly publishing and university libraries plus ca change? [J]. Australian academic&research libraries, 2014, 45 (4): 241-261.

[2] THOMASJWM. The structure of scholarly communications within academic libraries [J]. Serials review, 2013, 39 (3): 167-171.

交叉的关系，详见图 3-1。面向智库开展服务，即图书馆根据相关机构的需求向其提供专业的图情服务，服务对象是单个或多个智库；智库型服务，即图书馆围绕某研究议题，自主生产信息成果，其服务对象可能是智库或其他机构和个人；向智库机构转型，成为严格意义上的智库，此类图书馆需要具有分析、产出、传播等较为完善的信息管理功能链条和适当的动因与机遇。综上所述，对"图书馆智库服务"较为准确的描述应考虑到以上三种情况，在开展图书馆智库服务的研究和实践时需要对其加以综合辨别。

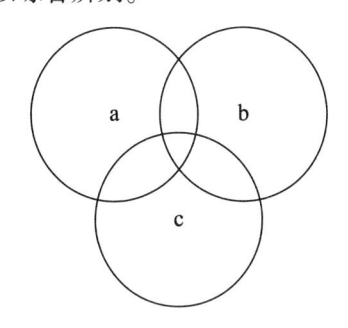

a.专业图情服务
b.智库型服务
c.智库机构

图 3-1　图书馆智库服务层次分析

3.1.4　智库馆员

在以往的图书馆智库服务实践与研究中出现了一类专职服务于智库事务的图书馆员，本研究认为这类图书馆员在推动智库服务的发展和促进图书馆业务升级的过程中起到了关键作用，因此有必要对其内涵和职能进行分析、说明与规范。

（1）内涵

对"智库馆员"这一特定称谓的内涵，基于前期研究成果，本研究将其总结为：具有图书馆服务、管理、创新能力的，面向智库的专业图书馆员。广义的"智库馆员"，既可指在各类型图书馆中的专职馆员，也可包括在智库内承担图书情报工作的专职人员。由于在学术科研机构的庞大体系中，科研院所、智库机构、学术图书馆等一系列角色的关系较为复杂，因此本研究将探讨重点定位于在学术图书馆中开展智库服务的专职图书馆员的相关问题。

（2）职能

依照学术图书馆目前的业务体系主体框架，智库馆员的核心职能应涵盖三个方面：第一，图书馆基础业务职能；第二，作为信息服务机构，学术图书馆面向智库而形成的有效职能；第三，作为科研机构，学术图书馆可能形成的智库职能。显然，以上三个方面的业务难度是递增的，对智库馆员的要求也是逐步提高的：图书馆基础业务职能是图书馆员应具备的最基本职能；而专门面向智库的服务职能则需要馆员拥有与智库相关的知识与技能，如管理智库所需特藏资源的能力，与智库研究人员保持沟通与建立合作关系的能力，掌握智库决策分析工具的能力等；当图书馆开始提供智库型服务，或已经成长为正式的"智库机构"，那么与之对应的智库馆员的职能也将随之完善，此时智库馆员则需要具备与开展决策咨询工作相匹配的科研能力，这类智库馆员不仅要有能力向智库提供各类服务，还要有能力向外界输出"智库产品"即信息成果，资深的智库馆员则有望成为具有影响力的"智库专家"①。

3.1.5 智库信息成果

通常情况下,在学术界已有的研究中,"智库信息成果"是指智库机构在日常运行中产生与积累的信息产品,其类型包括:智库研究报告、智库专家著作、连续出版物、具有观点性质的新闻、社会化媒体信息、会议文件等。

在本研究中所指的"智库信息成果"除了包含以上内容外,则还应该包括学术图书馆有组织、有计划地通过整理、收集、分析、编撰等方式产出的面向决策咨询工作的各类型信息产品,如趋势分析报告、专利报告、数字出版物、专题数据库、电子信息平台等。

3.2 循证图书馆理论

3.2.1 内涵

"循证图书馆理论"来源于图书馆界对"循证实践理论"的利用及重塑。循证实践(Evidence-Based Practise,简称EBP)是以事实证据为基础的实践活动,学术界也将其称为"循证学";早在EPB发展的初期,图书馆界为了全面提升服务质量,就已经开始积极地对其加以利用。循证运动发生于20世纪末,期间

---

① 梁宵萌. 美国高校图书馆智库馆员服务调查与启示 [J]. 图书馆论坛,2019(9):165-171.

出现了大量以循证实践为基础的理论,包括循证管理学、循证教育学等;值得注意的是,图情部门和机构的工作实践也逐渐发展成为利用和发扬循证理论的重要领域①。

循证图书馆(Evidence-Based Librarianship,简称 EBL)由美国学者 Eldredge 于 1997 年正式提出②,此概念的引入促使大量学者开始对其加以研习;之后,英国学者 Booth 则对 EBL 进行了规范化的定义:循证图书馆是一种信息科学的方法,它将推进证据的采集、解析和整合,EBL 将用户需要与可获取的最优证据结合,从而对图书馆发展决策进行辅助和指导,进而对工作中遇到的实际问题进行处理,该学者还主张图书馆员应通过加强对"循证实践"的利用来促进图书馆事业的发展③。循证图书馆理论的核心基础在于对"证据"的利用,通过对证据的管理而形成可指导图书馆员开展工作,提升工作效率,强化工作能力的体系。循证图书馆理论的产生、发展和应用是学术图书馆开展工作的必要参考,也是学术界开展对学术图书馆相关问题研究的重要研究范式。

3.2.2 应用

循证图书馆理论的本质是图书馆员利用多种方法采集"最

---

① 赵发珍. 循证图书馆学研究的思考——基于"循证科学与知识转化论坛"的启示 [J]. 图书馆建设,2019(3):1-9.

② EldredgeJ. Evidence - BasedLibrarianship:ACommen - taryforHypothesis [J]. Hypothesis,1997,11(3):4-7.

③ 刘璇. 循证图书馆学(EBL)的发展及对图书馆学的启示 [J]. 图书馆杂志,2009,28(1):22-25.

优证据"，并结合馆员实际工作中的积累的"经验"，对图书馆用户实现"需求满足"。而这一做法的根本目的在于，同步提升图书馆工作效率和用户服务质量。遵循循证图书馆理论的最根本基础在于对"最优证据"的获取，而在获取最终可采信的证据前，图书馆员需要对大量潜在证据进行合理的评估，从而实现对证据可采信程度的判定。有学者利用金字塔的形态对证据进行了分级[①]，越接近塔顶的证据越能够满足"最优证据"的特质。该金字塔模型的搭建，为获取相对最优的证据提供了框架支撑；从金字塔底端向上，证据依次被分为：第八级，专家、工作人员、服务对象的意见；第七级，个案分析；第六级，描述研究；第五级，预实验；第四级，可控实验；第三级，定群研究；第二级，随机对照实验；第一级，系统评价研究。居于塔顶的"系统评价研究"主要原理在于，研究者围绕特定议题全面而系统地梳理总结已有研究成果，对相关文献展开分析和评估，从而获取研究结论。EBL 的研究步骤主体是：第一步，确定研究问题，并对问题进行清晰的描述；第二步，围绕问题进行相关研究的检索；第三步，评测证据；第四步，评估效果。

本研究援引 EBL 理念及具体操作办法，对学术图书馆智库服务问题进行全面系统的研究：第一，提出研究方向即"学术图书馆智库服务"，并对与学术图书馆智库服务相关概念进行清晰的定义，这一研究方向的确定其主要基础是目前学术图书馆的工作实践和社会各界用户的具体需求；第二，形成具体的

---

① 赵发珍. 循证图书馆学研究的思考——基于"循证科学与知识转化论坛"的启示［J］. 图书馆建设，2019（3）：1-9.

研究问题,即"学术图书馆智库服务模式""学术图书馆智库服务能力提升路径""我国学术图书馆界对智库服务的态度"等;第三,获取最优证据,笔者首先将围绕研究方向进行文献检索,继而结合学术图书馆用户需求和馆员工作实践设计证据获取的可操作方法,对潜在证据进行采集和评估,从而形成研究成果,最终达到一次循证图书馆研究的节点。循证图书馆研究强调理论证据与实践证据的紧密结合,而在实践证据中又强调研究者要兼顾图书馆员的实践经验和图书馆用户的具体需求,这一理念在本研究中也有较为突出的体现。

综上所述,循证图书馆理论是指导本研究的重要依据,对该理论的应用可能会弥合理论研究与实践研究之间存在的差距。

3.3 协同创新理论

3.3.1 概述

"协同"的英文表述包括了 synergy, collaboration, cooperation, coordination 等,在中文语境中主要是指"齐心协力、互相配合"。1965 年,美国战略管理学家伊戈尔·安索夫[①](H. I. Ansoff)在其名为《协同策略》(Corporate Strategy)的著作中第一次将"协同理念"引入企业战略管理领域,其核心思想是指出企业可通过合理评估自身能力的方式,与外部环境进行资源匹配,从而获得拓展新业务的机会。在协同理论的驱动下,管理者既提倡

---

① H. I. Ansoff. Corporate Strategy, Mc Graw Hill, New York:1965.

第三章　相关概念及理论基础

企业要需积极寻求外部合作，同时又鼓励企业内部的各部门之间进行良好的协作。由此，协同理论逐渐成为众多企业遵循多元化战略管理发展思路的重要理论依据。1971年，德国物理学家哈肯（Haken）于"系统论"中引入"协同"的概念，指出系统里的各要素可以通过合作、协调、同步产生具有整体性的行动，并且整体行动的作用将大于个体行动的作用，从而出现"1+1>2"的效应。日本学者伊丹敬之认为，"协同论"中包括"互补"和"协同"两个方面的效应，不同类型的机构可以通过协同产生的效应获得资源效力的最大化[1]。

近年来在科技创新领域，众多学者以"协同理论"为基础开展研究，进而形成影响较为广泛的"协同创新理论"。有学者认为，协同创新的活动是由多个相互联系的要素构成的网络结构，在目前社会发展形态中呈现出由政府、企业、科研机构为主体，以科技、金融或其他创新组织为合作机构，协同创新主体秉承着共同的目标，即利用协同、合作的网络化的联动机制，促进知识、技术的创新与传播，促进各机构间的资源整合与发展融合，以提升协同创新系统的整体实力[2]。另有学者指出，协同创新的整体流程中时刻伴随着知识的流动，在"知识流动"的视角下可将协同创新整体流程划分为：知识共享、知识创造、知识优势这三个具有相互关联性且动态化发展的演进阶段。政府、企业、科研机构利用知识的共享、创造、应用、

---

[1] 何郁冰. 产学研协同创新的理论模式 [J]. 科学学研究，2012（2）：165-174.

[2] 陈劲，阳银娟. 协同创新的理论基础与内涵 [J]. 科学学研究，2012（2）：161-164.

传播等促进了创新的发生,在此过程中知识所具有的"外部性"与"溢出性"发挥了促进知识优势形成的作用,因此"知识流动"的效率和产生的作用直接影响着协同创新的效果[①]。综上所述,"协同创新理论"的定义可被归纳为:以"协同论"和"资源整合理论"为基础,通过促进各类资源在参与协同创新活动的主体中的流动与整合,以此来提升资源利用率,激发创新的发生,实现创新的演进。

协同创新理论是我国创新理论体系的重要构成,并日益受到各个领域学者的关注和利用。随着全球化进程的加速,经济、科技、文化等多个领域的创新活动越发有赖于通过"协作"来完成,"一类"或"单个"机构往往难以实现国家、区域、组织间的创新需求,因此,区域间、行业间、机构间应加强对知识生产、传播、转化的协同创新[②]。

3.3.2 应用

协同创新理论是本研究的重要理论依据,在该理论指导下,笔者提出学术图书馆应通过有效开展智库服务积极争取与政府、智库机构、其他企事业单位的良好互动与协作,并争取从发展目标、发展策略、管理组织结构、信息资源共建与共享等多个方面构建协同机制,促进智库产品(信息成果)的创新。在协作创新的社会发展背景下,各行各业都需要积极面对新的职能

[①] 涂振洲,顾新.基于知识流动的产学研协同创新过程研究[J].科学学研究,2013(9):1381-1390.

[②] 庄涛.资源整合视角下产学研三螺旋关系研究[D].北京:北京邮电大学,2015.

与社会分工，在此条件下各种资源短板必将有所呈现，这既是机遇又是挑战。

从目前的智库事业格局来看，学术图书馆开展智库服务，对于图书馆界和智库界都将是实现创新发展的具体体现。从智库机构的角度出发，对于智库产品的创新、管理与传播更加需要专业的信息管理理念、方法、技术等方面的支撑，而落后的信息管理实践与创新发展之间也必然存在需要尽快填补的缺口，而本研究则认为学术图书馆智库服务正是弥补这一缺口的有力"填充剂"；以学术图书馆为例，其信息资源优势、信息管理能力与实现社会价值、促进信息共享等使命间的现实差距，可以通过开展智库服务而缩短。从全社会发展的角度，通过学术图书馆开展智库服务的契机，我国社会也将有可能形成"决策与政策制定者—智库机构—图情机构"的联动机制，这一机制将充分地诠释"协作创新"理论在实务界发挥的积极影响，并促进不同性质的机构、行业之间的优势互补。

3.4 信息生态学理论

3.4.1 概述

信息科学领域被引入生态学的相关理论，从而形成一门新的交叉学科即"信息生态学"。"信息生态"的概念由德国学者于20世纪80年代率先提出[1],并不断地延伸到社会科学的多个领域。现阶段我国学术界对信息生态学的研究主要可分为两个方向:第一,基于社会学视角的研究,该视角下学者认为信息生态学需要积极吸纳信息科学及生态科学的学科特长,将生态系统视作一个整体进行综合研究,并将研究重心落实在对生态系统未来发展的预判上[2];第二,基于生态学视角的研究,该视角下学者认为信息生态学是以生态学为基本底色,同时引入信息科学与计算机技术作为辅助工具,因此该学科的研究应主要面向生态学领域的相关问题开展[3]。本研究引用和涉及的信息生态学相关具体概念有"信息生态圈(信息系统)""信息活动"等。

信息生态圈即信息系统,主要是指人与其所处的信息环境之间存在相互影响的关系,从而形成一个整体。信息系统的构成要素包括了信息人、信息行为、信息环境等,在其作为统一整体的运行过程中,各个要素之间通过相互联结和制约实现着协作,而每个要素的强化和能力提升则会对整个信息生态圈的良好运作产生积极的影响。在信息生态学中信息系统主要模拟了"生物圈"的概念,生物圈是一个闭合的链条,在链条中的

---

[1] CapurroR. Towards an Information Ecology. Contribution to the NORDINFO International Seminar "Information and Quality" [J]. Royal School of Librarianship, Copenhagen, 1989, (8): 23-25.

[2] 张新时. 90年代生态学的新分支——信息生态学 [J]. 生物科学信息, 1990, (3): 101-103.

[3] 娄策群, 桂晓苗, 杨小溪. 我国信息生态学学科建设构想 [J]. 情报科学, 2013, 31 (2): 13-18.

第三章 相关概念及理论基础

每一个环节都在永不停息地进行着能量交换①。在信息系统中，信息人作为信息采集、吸纳者，处在信息活动的主导地位；信息则对应了生物圈中的"能量"；信息环境可被理解为支持信息系统有序运行的规则、条件，其作用主要是实现对信息系统各个要素的制约，在信息社会中信息环境可具体体现为对信息技术的应用和对信息制度的设计及遵循等②。

在信息生态学中信息活动的主体由以下几方面构成：信息生产者、组织者、传播者、分解者、需求者③。以上主体在信息活动中具有各自不可替代的分工，主体间的协作和相互作用逐渐形成信息生态链。信息生产者和信息需求者（消费者）是促进信息活动发生的最主要因素，它们的存在不断激发信息系统的活力，而其他信息活动主体则需遵循此二者的带动，根据其导向行事。信息生产者的具体功能在于，向其他主体提供信息资源；信息组织者的具体职能在于，对杂乱无章的信息源进行加工整理，形成有序的信息合集；信息传播者的具体职能在于，担任其他信息主体之间的传递者；信息分解者的具体职能是，基于信息消费者的具有针对性的具体需求，对信息进行二次加工；信息消费者的具体职能是，对信息加以利用，并不断地产生新的信息需求。

---

① 刘洵．图书馆信息生态圈协同进化研究［J］．图书情报工作，2016，60(9)：49-54.
② 王浩．信息生态学视角下科技智库建设研究［J］．现代情报，2018，38(11)：44-47，54.
③ 靖继鹏，张向先．信息生态理论与应用［M］．北京：科学出版社，2017：67.

3.4.2 应用

智库机构主要的职责包括向决策与政策制定者提供决策咨询服务、培养决策咨询人才、对社会进行舆论影响等。因此，与智库机构相关的信息资源内容较为丰富，种类较为多元，尤其是高校智库；智库机构的信息资源是维持智库信息生态圈正常运转的基础。智库机构的信息环境则可被理解为智库成员从事生产、加工、传播信息等活动过程中形成的内部环境和外部环境。智库机构的内部信息环境主要是指智库机构的运营规则、智库影响力、机构文化、软硬件条件等；而外部环境主要是指影响智库发展的国内外政治、经济、社会环境，法律法规，行业政策，科学技术，竞争环境等。

基于信息生态学的相关理论，本研究认为学术图书馆是智库机构信息生态圈中发挥重要作用的要素之一；学术图书馆在智库机构的信息活动中扮演了多重角色；学术图书馆开展智库服务将对智库机构的内部和外部信息环境产生一定的影响。将全社会的智库机构视为统一整体，其所形成的信息生态圈中必然包括信息人、信息行为、信息环境等多方面的要素，而提升各要素能力与工作质量的活动必然会对整个智库行业产生有益的影响。因此，从智库行业的角度来看，打破传统的行业组织格局，积极将具有信息管理能力的图情机构吸纳到决策咨询领域，丰富信息人的构成要素，促进多行业和领域的融合以及智库建设意识的提升，将有利于智库机构信息生态圈的良性运作。另外，智库机构要重视提高个体成员（智库专家、工作人员）

的信息素养和专业能力，学术图书馆的智库服务不但包含了对智库机构的信息服务，还包括对智库机构人员的信息素养培训；同时，学术图书馆设置的"智库馆员"便是在人力资源的层面对智库机构成员信息素养提升要求的吻合，在一些智库机构与学术图书馆的合作案例中，"智库馆员"既供职于学术图书馆又在智库机构进行兼职参与智库机构的项目研究。

在智库事业的发展中，行业作为一个整体，要树立注重优化内外部环境的理念，学术图书馆的智库服务对同步改善智库机构的内外部发展环境起到积极作用。首先，学术图书馆开展智库服务将有利于提升智库机构信息成果的科学性，促进智库机构内部的科学管理，提升智库机构信息素养，规范智库机构成员的信息行为。其次，在我国学术图书馆分为高校图书馆、研究机构图书馆、党政院校图书馆等多种类型，学术图书馆的影响力可以触及学界、商界、政界等各个领域，开展学术图书馆智库服务是促进智库机构与学术图书馆以及各个图书馆背后可及群体多方共赢的有效方式，这也将对智库机构提升影响力具有潜在的影响。

本章小结

在这一章中，笔者对本研究涉及或可能涉及的概念、相关理论作出了规范和说明，其中涉及的概念主要包括智库机构、学术图书馆、图书馆智库服务、智库馆员、智库信息成果。本研究的理论基础则主要建立在以下三种理论之上：循证图书馆理论、协同创新理论、信息生态学理论。

第四章　学术图书馆智库服务实践分析

　　本部分研究的最终目标在于，对目前国内外知名学术图书馆的智库服务实践进行有效的分析，从而系统地总结具体实践中可供参考的事实经验，进而提取出众经验背后所反馈的行业发展信念、服务理念、创新性思维。本研究认为，对学术图书馆智库服务的调查应避免仅对实践进行梳理，而要重视对各具体操作背后蕴藏的管理与发展观念，并且在学术研究中应将"学术图书馆智库服务"视作一个逐渐形成的新的信念。

　　笔者展开深入调查的学术图书馆包括：位居世界前列的综合型大学图书馆，如哈佛大学图书馆、北京大学图书馆、浙江大学图书馆；研究型智库机构下设图书馆（图情部门），如斯坦福大学胡佛研究所图书馆；我国知名专业型大学图书馆，如上海海事大学图书馆、上海财经大学图书馆。另外，笔者还从智库机构运行的角度出发，在此部分研究中，对世界顶级"事实型智库"——皮尤研究中心的信息管理实践作出了深入分析和全面展示。笔者认为对该类机构信息管理实践的分析与展示，将有利于帮助学术图书馆从智库机构运行的角度对开展智库服务的必要性形成深入的认识，并了解从事智库服务工作的相关经验；这部分研究也间接证明了严格意义上的智库机构其信息管理体系与学术图书馆具有较强的相似性，并进一步认定了学术图书馆与其他类型的学术机构相比，具有开展智库服务天然而且独特的优势。以上所述便构成本主题研究下的典型客体，详见表4-1。

表4-1 案例调查对象

机构性质	所属单位（部门）
综合型大学图书馆	哈佛大学、北京大学、浙江大学
研究型智库机构图情部门	斯坦福大学胡佛研究所
专业型大学图书馆	上海海事大学、上海财经大学
事实型智库机构	美国皮尤研究中心

通过调查发现，各学术图书馆所开展的智库服务均不同程度地体现出有别于其他机构的独特性；而纵观各研究客体，其相似之处主要在于各图书馆智库服务的开展均处在目前图情行业已有业务的可及范畴之内，其中的大部分服务是对以往业务的创新与升级；学术图书馆开展智库服务的重点在于，各图书馆能够主动树立智库服务意识，以及对智库事务采取重视的态度。各学术图书馆的智库服务体现出的侧重点稍显不一，有的侧重于对图书馆基础服务的完善和提升，有的侧重于基于智库机构的需求对信息平台的建设或改造，有的侧重于对与智库研究相关的信息资源的开发，有的则侧重于对智库类信息成果的生产。

谨以案例分析的方式，对所调查的图书馆的智库服务情况进行充分展示。

4.1 哈佛大学图书馆

4.1.1 概述

目前,全球智库事业发展总体上呈现出了机构类型多样化、分工精细化的趋势,各个行业都有可能建有决策咨询机构,但从机构属性来看,智库机构的主导类型依然是政府智库、企业智库、高校智库。在以上三种属性的智库机构中,高校智库是学术底蕴深厚,所产生的信息成果具有较高学术价值的典范。作为支撑高校智库发展的重要力量,高校图书馆则以其丰富的信息资源、多元化的信息管理方法、专业化的信息管理人才等优势担当着为高校智库产出具有专业性、权威性信息成果保驾护航的角色。

以美国著名的"常春藤联盟"成员哈佛大学为例,其麾下设置了多家高端智库机构。这些智库机构在世界智库排名中位居前列,并在国际决策咨询事务中均发挥了较强的影响力。笔者通过对美国宾夕法尼亚大学 2018 年度的《全球智库报告》(Global Go To Think Tank Index Report)[①] 中所列的"最佳高校

[①] 2018 Global Go To Think Tank Index Report [EB/OL]. [2019-10-20]. https://repository.upenn.edu/think_tanks/16.

第四章　学术图书馆智库服务实践分析

智库"榜单进行了调查，本年度哈佛大学上榜智库机构高达5所①②③④⑤（详见表4-2）。表4-2中所列智库机构能够成为行业翘楚，其原因固然与机构自身的人员构成具有合理性、综合科研实力雄厚、运营手段先进等众多方面关系密切，但从调查中也不难发现，哈佛大学图书馆面向本校治下的智库机构开展了周密精细、符合智库需求的各类服务。因此，本研究首先选取了哈佛大学图书馆进行案例调查，并对哈佛大学治下各智库机构进行了适当的补充调查，这二者的结合将帮助我们从图书馆和智库机构的双向视角攫取到在世界级高端智库的运行中学术图书馆是如何发挥功效的。

表4-2　哈佛大学智库机构概况

智库机构名称	所属院系	研究领域	排名
Belfer Center for Science and International Affairs（贝尔佛中心）	肯尼迪	经济、国际关系、能源、科技等	1

---

① Belfer Center for Science and International Affairs. ［EB/OL］. ［2019-10-28］. http://www.belfercenter.org.
② Center for International Development. ［EB/OL］. ［2019-10-28］ https://www.hks.harvard.edu/centers/cid.
③ Weatherhead Center for International Affairs. ［EQ/OL］. ［2019-10-28］ https://wcfia.harvard.edu.
④ Ash Center for Democratic Governance. ［EB/OL］. ［2019-10-28］ https://ash.harvard.edu.
⑤ Davis Center for Russian and Eurasian Studies. ［EB/OL］. ［2019-10-28］. https://daviscenter.fas.harvard.edu.

续表

智库机构名称	所属院系	研究领域	排名
Center for International Development（CID）（国际发展中心）	肯尼迪	国家发展与政策	16
Weatherhead Center for International Affairs（WCFIA）（全球气候与国际事务中心）	文理	历史、经济、国际与地区问题	20
Ash Center for Democratic Governance（阿什民主治理中心）	肯尼迪	民主、政务、公共问题	30
Davis Center for Russian and Eurasian Studies（大卫中心）	文理	俄罗斯与欧亚研究	61

4.1.2 实践

（1）构建协同化信息平台

笔者首先对哈佛大学图书馆系统所使用的网络平台进行了调查。哈佛大学图书馆目前所使用的一站式检索平台名为"HOLLIS[+]"系统，该系统覆盖了全校各个学院，惠及全体师生及工作人员。在哈佛大学图书馆的庞大服务系统中，除了对实体空间、馆藏等的利用，大部分图书馆工作皆可在该系统中完成。"HOLLIS[+]"系统具有超强的检索、储存、发布等信息管理功能，并包括了线上交流、人机对话等具体功能。尽管哈佛大学图书馆以"总—分馆"的形式开展服务，其分馆遍布全校各

第四章　学术图书馆智库服务实践分析

个地方，但用户只需利用"HOLLIS⁺"系统就可以享受到"一站式"的检索、咨询等服务，如准确获取馆藏情况或获得不受时空限制的馆员服务。该系统从整体上对哈佛大学图书馆的实体馆藏、电子资源进行了融合，并收录和链接了海量的数据库、机构知识库等资源（图4-1、图4-2）。

图4-1　哈佛大学图书馆一站式检索平台1

图4-2　哈佛大学图书馆一站式检索平台2

为了解哈佛大学图书馆系统是否与本校智库机构存在信息资源"共建、共享"的关系，第二步笔者对五家智库机构的网站进行了调查。通过登录五所智库网站可以发现，五家机构均搭建了用于发布、检索、交互信息的平台。智库机构的门户网

55

站除了具有向全球用户展示本机构的研究成果、近期活动、社会成就等功能外，更重要的是用户可以通过"注册-登录"网站获取该机构与智库研究相关的各类资源，五所智库机构的网站同时具备对资源的检索、浏览、下载、评论等功能。值得格外注意的是，这五家智库机构的网站中均设置了与"HOLLIS$^+$"系统的链接，并提示用户本机构所提供的部分资源可在"HOLLIS$^+$"中获取（图4-3、图4-4）。

Catalog

All books available in the Belfer Center Library can be found in HOLLIS+.

图4-3　哈佛大学贝尔佛中心图书馆文献目录

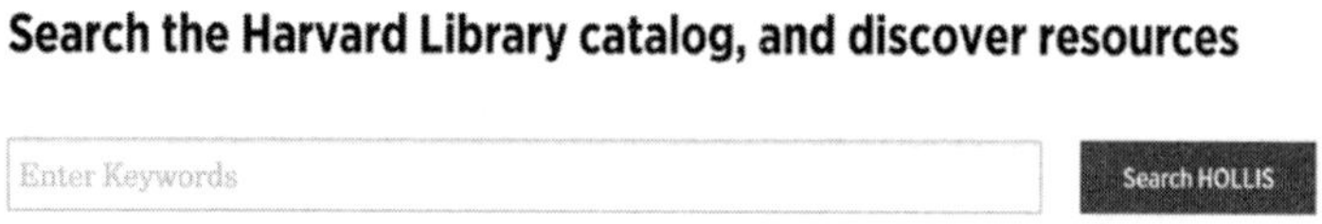

Search the Harvard Library catalog, and discover resources

Enter Keywords　　　　　　　　　　　　　　Search HOLLIS

图4-4　哈佛大学贝尔佛中心图书馆电子索引入口

与其他世界级的高端智库机构一样，以上5所机构的成员主体由全球相关研究领域专家（校内外）、本机构管理人员、其他兼职者构成，其成员组成具有非常明显的多元化特征；而服务于这些机构的专家、学者则还可以选择全日制任职、定期兼职等多种供职、合作的方式。智库机构成员的组成、资历及任职方式的多样化客观上保证了机构研究的活力和影响力的广泛性。由此则产生了一个需要智库机构与图书馆共同解决的问题，即"非本校教研者"的智库成员对于图书馆系统资源的利用权限问题。调查发现，这些供职于智库机构的兼职人员可凭借入职智库机构所获的网络账号对哈佛大学图书馆系统的各类资源加以利用。这一现象说明了，除了"馆—库"网络平台之间的互联外，图书馆给予了智库机构成员较为充分的资源利用权益。

（2）深度整合智库信息资源

"智库搜索（Think Tank Search）"服务是哈佛大学图书馆系统开展的最具智库特色的服务之一，该项目主要由肯尼迪政府管理学院图书馆负责。"智库搜索"属于大型的垂直性的搜索引擎，其入口在肯尼迪学院图书馆网站上。全球对智库研究相关资源感兴趣的用户可通过登录该网站检索到超过700家（与肯尼迪学院研究领域相关）的机构信息，包括机构网站、智库产品、社会评价等，同时，智库搜索还与"全球智库名录""智库机构社交媒体""智库项目"等网站建立了联结，方便用户在更加广泛的领域里对所查询的机构作出判断。

通过对智库搜索的亲身使用和深入调查，笔者总结出其服务结构的主体包括对"机构"和"评估报告"的检索两部分。另外，从智库搜索的主要服务功能和非主要服务内容来看，该引擎设置的首要目的是完成对智库机构的快速查找，而在用户获取目标结果后，可以对结果所示机构的"周边产品（如研究成果、社会声誉等）"进行二次探索（见表4-3）。

表 4-3 "Think Tank Search（智库搜索）"服务框架及内容

服务框架与内容	智库机构全面检索		智库评估报告	与智库研究相关的榜单、名录、索引
	美国本土智库检索	外国智库检索		
可获取服务	按照名称首字母 A-Z 顺序排列的美国本土智库的网站超链接	根据联合国宏观地理区域划分的、按照地区排列的非洲、亚洲、中美和南美、欧洲、北美以及大洋洲的著名智库的网站超链接	智库影响力报告系列：宾夕法尼亚大学最新及历史发布的《全球智库报告》《2018 智库演变报告》；其他国家与地区的智库报告：《2016 上海社科院智库评价报告》《2016 中国智库大数据报告》等	肯尼迪学院智库名录；"美国政策索引"；政策项目及智库主题索引；哈佛大学国际研究中心名录索引；欧盟理事会秘书处图书馆关于欧洲智库事务的刊物索引

（3）提供多功能空间

通过调查，五所智库机构在其运行中所设置的常规活动包含了日常研讨、头脑风暴、小组会议、午餐会、工作坊等具有 team work（团队协作）特性的活动，因此对特定场地的多功能需求较高。暂时忽略智库机构本身所在地的空间使用情况，本部分研究着重探讨哈佛大学图书馆为满足智库成员的常规性小组活动需求在空间设置上作出的努力。

肯尼迪政府管理学院的 Room L-369（空间所处位置）和文理学院的 Fung Library 是哈佛大学图书馆系统为智库机构设置的两处专属空间，前者服务于贝尔佛中心，后者服务于大卫中心。通过网站调查，可了解到此二处空间不同于普通的教室、会议室等传统空间，而是具有专属性、多功能性等能够更好地满足智库成员开展工作需求的特征。首先，此类空间仅对智库成员开放，使用该空间需要智库成员提前向工作人员作出预约。其次，此类空间的功能完善、设施齐全，例如，这两处空间被划分成借阅区、无声学习区、开放讨论区三大主题区域，智库成员可在此进行查阅、自习、研讨；空间中配备了与智库研究相关的文献资源，并辅以多媒体设备、扫描打印设备、微缩胶片查阅设备等。

(4) 面向智库成员开放特藏

因具有一定稀缺性，特藏资源向来都是学术图书馆珍稀级别较高且需严格保护的特殊资源，同时这些资源所具备的研究价值往往也是难以替代的，因此如何对特藏资源加以合理利用，使其不单纯地成为一种仅供人瞻仰的"收藏品"，而是在完善保存的前提下充分激发其活力，并能够对学术研究产生效应，是图书馆需要深刻思考的问题。从对哈佛大学图书馆系统馆藏的调查可发现，哈佛大学图书馆不仅向本校智库成员开放了大量可供研究使用的特藏资源，笔者还在对部分特藏的利用情况中了解到，图书馆明显对智库成员给予了较高级别的利用权限。例如，肯尼迪学院图书馆中就藏有面向贝尔佛中心研究工作的特藏资源，这类资料仅限智库研究人员使用；为了确保此类资源的"安全"和"常备性"，图书馆规定部分资料"不予外借，仅供馆内使用"，其使用规则中甚至还明确提出了某些资源须于当日闭馆前还回。文理学院 Fung Library 中对特定资源的使用也存在类似的规定，如明确指出部分资源"仅供大卫中心研究者使用"。

虽然图书馆对部分特藏资源的使用进行了十分严格的规范，但为了保障人员构成较为多元的智库机构研究的开放性，图书馆在给予智库成员较多使用权限的同时，也对部分社会人士的科研需求给予了关注。哈佛大学智库机构的研究成员有一部分来自社会兼职，这部分研究者可以通过向图书馆设置的"Library Privileges Office（许可办公室）"提出使用研究资源的申请，从而获取相关使用权限。可见，哈佛大学图书馆在对智库研究的保障方面，对其特藏资源的管理实行了既"严格"又"开放"的策略。

（5）设置"智库馆员"

"智库馆员"是笔者参考学术图书馆中已有的"学科馆员""数据馆员"和智库服务实践而总结出的称谓。目前哈佛大学图书馆系统设置了专职服务于智库事务的"智库馆员"这一职业角色，其主要职责包括了帮助智库成员使用图书馆资源，对研究者提供学术支持，对智库成员进行信息素养教育，参与智库相关研究课题。通过对哈佛大学图书馆的智库馆员工作职责、个人履历等方面的调查还可以了解到，图书馆较为重视该职位人选的综合素养。

肯尼迪学院图书馆的高级研究馆员 Keely Wilczek 在图书馆智库服务领域担担了重要角色，并身兼多职。第一，该学院图

第四章 学术图书馆智库服务实践分析

书馆为其开设了专供用户查询和获取具体帮助的"馆员页面"①。通过登录此网页,用户通常可以与该馆员取得联络并在具体的学术问题研究中得到相应帮助;在该馆员的公开资料中显示,其最擅长的研究领域是"公共舆论""竞选与选举"等方面,这些专长也与肯尼迪学院的智库研究方向较为契合。第二,该馆员还负责定期利用其公开网页发布智库研究中可能会涉及的研究方法、工具、文献、报道等资源。第三,该馆员面向智库研究的重要职责之一就是对"智库搜索"的全面管理和维护。

再以 Fung Library 负责智库事务的助理馆员 Svetlana Rukhelman 的工作情况为例,为了向用户明确这位馆员的职责,方便用户直接与馆员联络,该馆在网站上也为其设置了专门的"馆员主页"②。根据馆员主页显示,Svetlana Rukhelman 具有以下具体职能:①管理实体馆藏;②为馆藏资源构建元数据;③管理和查询数字资源;④生成和管理数字化馆藏目录。基于对 Svetlana Rukhelman 的公开履历的调查还可以发现,这位馆员在成为"智库馆员"之前已经获得"比较文学专业"的博士学位,甚至还曾承担过教授俄文的工作。值得注意的是,这位馆员在哈佛大学图书馆任职期间还兼顾了大卫中心的课题研究工作,目前她的研究课题为:A Certain Future:Fate and Narrative in Russian Culture。可见,该馆员的职能已经超出了普通图书馆员

---

① Keely Wilczek. [EQ/OL]. [2019-10-20]. https://guides.library.harvard.edu/prf.php?account_id=3540.
② Svetlana Rukhelman. [EQ/OL]. [2019-10-20]. https://daviscenter.fas.harvard.edu/about-us/people/svetlana-rukhelman.

的业务范畴，从其承担的课题情况来看，这位智库馆员已然从属在了该智库的研究者行列。

综上所述，笔者根据这两位智库馆员的任职背景、职务称谓、业务能力及该职位隐含的职能要求绘制了表4-4。可见，哈佛大学图书馆在选择"智库馆员"时不仅考虑到了馆员需要具备的图书馆管理业务能力，还较为重视该人选的学术能力。

表4-4 哈佛大学图书馆"智库馆员"业务能力分析

能力及背景描述		隐性要求
Keely Wilczek	Svetlana Rukhelman	
负责管理"智库检索"的使用 指导使用Zotero文献管理工具；擅长解答"公共舆论""竞选与选举"方面的问题	实体馆藏管理 构建馆藏资源元数据 生成和管理数字化馆藏目录；管理和查询数字资源	现代图书馆管理需具备的业务能力
"高级研究馆员"称谓 超过20年的图书馆工作经验和9年以上的肯尼迪学院图书馆工作经验	比较文学博士学位 曾任俄语教师 目前兼任智库课题研究员	教学、科研能力

（6）提供"学术指导"服务

"学术指导服务"主要是指图书馆为帮助研究者提高其利用学术资源的效率，辅助科研工作顺利进行而开展的一系列指导性工作。研究者可以通过登录智库网站到达图书馆系统，完成在线学习。学术指导的内容上包括对图书馆学术资源的介绍、使用指导，一些优秀学术成果的展示，对某一学科或研究领域的有针对性的学术建议等。大卫中心在其网站中明确了哈佛大学图书馆学术指导的功能，并建议成员根据自己的学术水平利用这些服务。例如，该智库提出研究者在开展科研工作的初始可以对本智库的研究主题相关情况进行学习，目前在该智库网站上有题为"Slavic and Eurasian Studies at Harvard"和"Top Research Tips for GSAS Students presentation"的课程资源供初级研究者学习。而具有更加深入的学术资源需求的研究者可以通过学习 HOLLIS⁺系统使用方法，查阅 HOLLIS Classic 目录，掌握图书馆在线工具，或预约图书馆工作人员解决研究中的问题。这些学术指导实际上是对研究者的一种信息素养教育，它的存在还有助于智库提高自身教学及科研能力。

(7) 在智库内部设置"分支机构"

哈佛大学图书馆系统不但在各个院系设有分支机构，还在智库机构的内部设置了可以开展图书馆服务的部门（分支）。"教学资源图书室"便是哈佛大学图书馆系统基于本校智库的具体需求而打造的专门服务于教学工作的分支机构。例如，哈佛大学图书馆在大卫中心建设了"teaching resource library（教学资源图书室)"。这间图书室内的文献资源主要包含了 500 部与智库教学相关的书籍，另外还存放了大量的 DVD 和 VHS 格式的教学影片，而这一教学资源图书室明确提出其服务对象主要是本智库的教师和有借阅需求的社会大众。对以上资源感兴趣的大众，可通过在线填写申请表获取该图书室的实体或电子资源，并且该图书室还声明可以为申请者提供付费的 UPS 服务

（美国快递品牌），将所需资源直接快递到指定地点①。

4.1.3 总结

为能够清晰展现哈佛大学图书馆智库服务实践体系，笔者借助 X-mind 软件②绘制了"哈佛大学图书馆智库服务体系模型图"，哈佛大学图书馆的智库服务可以归纳为组织架构、资源开发、智库馆员、信息素养四个方面的服务，详见图4-5。

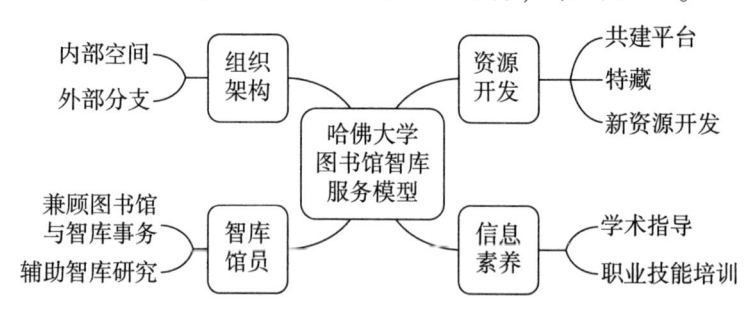

图4-5 哈佛大学图书馆智库服务模型

4.2 斯坦福大学胡佛研究所图书馆

4.2.1 概况

本研究将斯坦福大学胡佛研究所图书馆作为重要案例进行分析，主要是基于以下考虑：第一，胡佛研究所（Hoover Insti-

---

① Davis Center Resource Library. ［EQ/OL］. ［2019-10-20］. https：//davis-center.fas.harvard.edu/teach/teaching-resources/resource-library.
② 一款可以绘制"思维导图"的分析软件.

tution）是美国最早的大学智库，近年来在《全球智库报告》中名列前茅；第二，胡佛研究所在创建初期，其机构性质是隶属于斯坦福大学的文献资源保存中心（即战争资料图书馆），其主要运营目标是收集、保存、管理与战争相关的信息资源，同时围绕这些资源展开战争方面的学术研究；胡佛研究所不断顺应美国发展与变化的政治格局，通过增加研究力量，拓展研究范围，转变管理体制，以"决策咨询"为发展目标，成功地从图书馆转型成为世界顶级智库。笔者认为，从图情专业的视角观察，胡佛研究所既可以被视作"智库机构"，又可以被认定为具有智库功能的图书馆。目前，胡佛研究所内设置了服务于本机构的专门图书馆（"胡佛研究所图书馆"），这一学术图书馆传承了该机构的研究传统，以丰富的历史资源、强大的科研实力对该机构的发展起到了重要的支撑作用。

4.2.2 实践

（1）开辟便于使用的特藏空间

胡佛中心图书馆由于坐拥较为庞大的信息资源，空间布局分为三个独立的部分：图书馆阅览室、档案室和珍藏展区，每部分都拥有独立的空间和开放规则。其中，较有特色的空间服务是关于"off- site collections"的使用：除收藏可供开架借阅的资源以外，还将一部分档案放置于专门的有特定编号的"盒子"（boxes）里，工作人员会根据用户需求，把装有特藏的不同"盒子"搬运到阅览室供用户使用，但是需要至少提前两个工作日进行邮件预约。胡佛中心图书馆还在其服务介绍中专门提到残疾人用户使用图书馆的帮助措施,如无障碍"斜坡"的具体方位,负责残疾人服务的工作人员的邮箱和电话等。

(2) 开发独立的信息检索系统

胡佛中心图书馆则根据其馆藏特色建立了独立的检索系统,并将检索内容分为图书资源、档案资源、电子资源3类。在每一种资源类型的具体检索页面中,又对其进行详细分类;同时,较为重视对用户的检索帮助,在检索栏下方有指导和帮助的链接;明确指出其大部分馆藏资源可在斯坦福大学图书馆系统在线目录中检索到。

(3) 为智库成员提供学术指导服务

根据其图书馆信息资源的独特性为用户提供相应的学术指导:第一,在阅读室与手稿阅览室配有专门的智库图书馆员,为这些珍贵资料的使用提供帮助。第二,对部分资料设置付费使用条款,具体的付费馆藏名单可以通过专门的邮箱(carol. leade nham@ stanford. edu)获取,研究者可以根据名单上提供的信息直接联系相关馆藏的负责人。第三,对咨询费用作出较为详细的规定,如大部分在名单上的接受咨询的专业人员的咨询费用是每小时30~40美元,但同时也声明,不会对咨询者与被咨询者间的付费交易直接负责;另外,还制定用户需要遵守每次咨询只可预约一位专业人员的规则,这样将利于有限资源的有效使用。第四,由于大量馆藏属于原件,所以图书馆允许用户使用电子照相机进行拍摄,并为用户提供付费扫描仪,费用是每扫描一次0.15美元。

(4) 重视对智库资源的开放

胡佛研究所图书馆还设置了专门的纪念展区供用户参观学习，另外还时常举办与本机构相关的智库知识展览，用户可在此获得与该机构研究相关的智库知识的普及。

4.2.3 总结

斯坦福大学胡佛研究所作为世界顶级智库机构，基于运营需要设置了专门的图书馆，且该图书馆对本机构的发展提供了强有力的支撑；胡佛研究所的核心任务便是服务于智库，因此该图书馆形成了收集、保存、开发与传播智库信息资源的多种功能。笔者认为，胡佛研究所的良好发展与其设置图书馆，并给予图书馆综合性的强大功能具有密切的联系，可以说胡佛研究所的案例正是"库-馆"融合的典范，值得我国的学术图书馆借鉴。

4.3 北京大学图书馆

4.3.1 概述

在我国积极建设世界一流大学的时代背景下，北京大学图书馆作为国内具有较高声誉的学术图书馆，在其科研支持、图书馆服务、业务创新等众多方面均被业界视为翘楚。从2011年开始，北京大学科学研究部便发出了对"学科竞争力""科研影响力"等学术发展趋势及影响力进行分析的需求，因具有先进的图情业务知识技能而形成较强信息管理能力的图书馆承担了满足这一需求的重要任务。至此，北京大学图书馆启动了开展智库型服务的工作进程。

目前，北京大学图书馆已经在其组织结构、服务创新、人员培养等多个方面为开展智库服务提供了一定的支撑。如该馆内逐步增设了"研究支持中心"职能部门，该部门又进而设立了"科研支持与数据服务小组"以负责科研与数据支持工作，上述涉及的信息成果（学科竞争力、科研影响力分析报告等）便是由这一团队负责生产的。该团队的运行思路是：通过对北京大学的各个职能部门、科研单位以及其他业内同行展开深入的调研，从而构建北京大学图书馆智库服务的具体任务和整体框架，进而对北京大学的学科发展规划、科研政策出台等与学校发展相关的决策与政策制定工作给予咨询服务。笔者将北京大学图书馆的智库服务归纳为两大方向，即"参与本校智库建设与发展"和"生产智库类信息成果"；下文将对其具体工作实践进行分析。

4.3.2 实践

（1）参与本校智库机构的建设与发展

第一，参与本校智库类项目。

作为世界一流大学图书馆，北京大学图书馆是支撑本校科研、教学活动的重要的信息资源中心，承载了信息资源建设、信息分析与信息素养教育等多方面任务。近年来，北京大学图书馆也积极地参与与本校决策咨询活动相关的智库研究项目。

例如，在 2015 年北京大学科研部（本校的科研工作智库机构）主持了"教育部高等学校十三五基础研究发展规划"，在此项目中，北京大学图书馆发挥了重要作用，承担了"基础学科文献调查"及"数据采集与分析"的工作。

在该项目的运作中，北京大学图书馆凸显了作为图情信息机构的强大信息分析能力：首先，将馆内现有的全球顶级数据库资源与世界前沿的信息分析工具相结合，围绕该项目中包含的各类学科问题进行文献采集、归纳，形成可利用的二次信息源；其次，根据所获信息源，以主题、区域、研究者等不同维度，对这些信息源进行进一步梳理、分类，形成逻辑性较强的参考资料；最后，形成分析报告。以上分析报告是支撑该项目顺利完成的重要参考内容，项目运营者可根据该报告中的相关数据、结论进行决策与政策制定工作；而该报告的产生也是北京大学图书馆具有决策咨询工作功能的重要体现，该报告本身就是一种信息成果，与智库机构的智慧产出无异[①]。

第二，参与本校智库机构建设工作

2013 年，北京大学成立"海洋研究院"，该机构既是北京大学下设的致力于新兴海洋学科研究的学术机构，也是我国海洋研究领域的知名高端智库。北京大学图书馆在该机构的建设与发展过程中，致力于该机构的学科建设工作，具体职责体现在：第一，面向该智库机构发挥全面的信息资源支撑作用；第二，面向该智库的实际运作，提供情报分析服务；第三，为该

[①] 马芳珍，李峰. 高校图书馆智库型服务探索实践及思考——以北京大学图书馆为例 [J]. 图书馆杂志，2018（9）：64-69.

智库打造"海洋学科门户"平台;第四,对海洋学科的目前概况、存在问题、发展趋势等进行分析和预判,从而形成相应的智库信息产品,即《海洋学科布局和分析报告》[①]。

北京大学图书馆通过参与本校智库机构的建设,充分发挥了其信息管理能力方面的优势,弥补了智库机构自身在信息管理实践中的短板。北京大学图书馆开展的此项工作并不仅限于向智库机构提供开展研究所需的文献资源,还充分利用图情专业所擅长的文献计量方法对该智库机构所研究的领域进行全面的分析与预判,为相关学科的发展与建设提供了科学的珍贵的参考资源。另外,该智库机构对北京大学图书馆产出的分析报告给予了高度评价,并已根据该报告进行了相关工作的部署[②]。

(2)自主生产智库信息成果

第一,《学部发展分析报告》。

北京大学作为国内首屈一指的综合性高校,对本校的学科发展、学科竞争力、综合排名等指标给予了高度关注,因此对"学科发展数据"等相关内容具有强烈的需求;而对于以上数据的收集、整理、分析等工作则由北京大学图书馆承担,图书馆根据多年的数据积累搭建了"学科发展跟踪数据库",并以期利用此方式助力本校的学科发展。

近年来,北京大学从校级层面落实了学科管理改革,进而更加重视由多学科构成的"学部"发展的整体性,因此各类管

---

① 北京大学海洋研究院 [EB/OL].[2019-08-30]. https://ocean.pku.edu.cn/kxyj/hydsj/bdhyxsxxmh.htm.

② 马芳珍,李峰.高校图书馆智库型服务探索实践及思考——以北京大学图书馆为例[J].图书馆杂志,2018(9):64-69.

第四章　学术图书馆智库服务实践分析

理与决策的实施常以"学部"为单位。借此，图书馆也与时俱进地调整了工作内容和策略，根据本校教学、科研管理部门的实际需求，重视以"学部"为单位开发具有智库功能信息产品，如发布《学部分析报告》[①]，该报告的出台也正符合学科融合发展的趋势。这项工作的开展也意味着图书馆具备了紧跟学校发展，关注科研、教学管理需求，有能力适时调整工作策略的灵活管理机制。

第二，科研成果分析报告。

多年来，北京大学一直积极承担教育部部署的研究成果分析任务，如2016年负责了对SCI中国大陆论文索引情况的调查工作，而这项工作的具体执行者正是北京大学图书馆。图书馆以1990—2014年SCI中收录中国大陆地区科研论文情况为基础，通过计量论文发表总量、影响力等数据，对各学科发展现状、趋势进行了分析，并运用各类分析结果进一步与美国等其他国家的相应学科的发展情况、顶级期刊发表情况进行系统比较分析，形成具有重要意义的信息成果，即《中国大陆地区科研论文发表分析报告》[②]。

第三，《未名学术快报》。

《未名学术快报》是北京大学图书馆具有品牌效应的连续数字出版物，其内容汇集了全校各个学科的实时发展动向、对学科发展趋势的预判、学术界的各类重要资讯、图书馆服务动

[①] 北京大学学科竞争力分析报告 [EB/OL]. [2019-08-30]. https：//www.lib.pku.edu.cn/portal/cn/fw/kyzx/jingzhengqingbao.

[②] 马芳珍，李峰. 高校图书馆智库型服务探索实践及思考——以北京大学图书馆为例 [J]. 图书馆杂志，2018（9）：64-69.

态以及项目成果汇报等①。目前，未名学术快报面向社会大众的主要发布方式是通过运营主流社会化媒体（新浪微博），截至笔者调查之日（2019年12月1日）《未名学术快报》已经发布了16期；关注该微博账号的用户可以定期获取该运营团队的发布的"学术简报"，无论从发布内容、发布形式、发布周期等要素来看，《未名学术快报》都与世界知名的智库信息产品具有相似性，这也进一步证明了北京大学图书馆有能力开展智库类研究并独立开发信息成果。

第四，专利分析报告②。

在我国大力维护知识产权，将保护知识产权纳入"国家战略"的大环境下，各类型科研单位都越发重视研究成果创新和开展专利信息服务。北京大学图书馆则承担了全校各单位开展科研工作所需的"专利服务"，并将积极与学校科研管理相关部门保持密切联系，发掘科研专利管理方面存在的问题和需求。北京大学图书馆基于本校专利信息需求，发布了《北京大学专利竞争力分析报告》这一重要的信息成果。该信息产品是具有智库产品性质的分析报告，在此报告中汇集了北京大学科研专利的多项指标性信息，如专利数量和类型、专利热点、专利孵化情况，以及北京大学与其他高校相关指标的比较性研究，从而对北京大学"专利竞争力"进行了评估。该报告从较高的视

---

① 未名学术快报 [EB/OL]. [2019-08-30]. https：//www.lib.pku.edu.cn/portal.

② 专利分析报告 [EB/OL]. [2019-08-30]. https：//www.lib.pku.edu.cn/portal/cn/fw/zlxx/zhuanlifenxi.

角，对北京大学的专利产出及管理情况作出了反馈，对促进专利服务发展起到了积极作用，并对本校的专利管理及决策提供了较科学的参考依据（图4-6）。

图4-6 北京大学图书馆专利分析报告界面

4.3.3 总结

总体来看，北京大学图书馆的智库服务类型属于定期生产信息成果的"智库型"服务，其服务特征主要在于：第一，该馆智库服务的开展主要是基于大量的研究数据；第二，该馆参与智库建设的活动是从加入学科建设着手的；第三，该馆较为重视对信息成果进行加工、整理、编撰，从而形成分类得当的连续出版物。从北京大学开展的智库服务模式类型来看，该馆的智库服务主要可被归纳为三种模式：第一，以参与"项目"的形式加入智库活动；第二，直接加入本校智库机构的建设；第三，面向社会各界提供智库型服务，并根据用户需求生产相应的智库信息成果。

笔者根据北京大学图书馆的智库服务实践，利用 X-mind

软件绘制了北京大学图书馆智库服务体系模型,详见图 4-7。

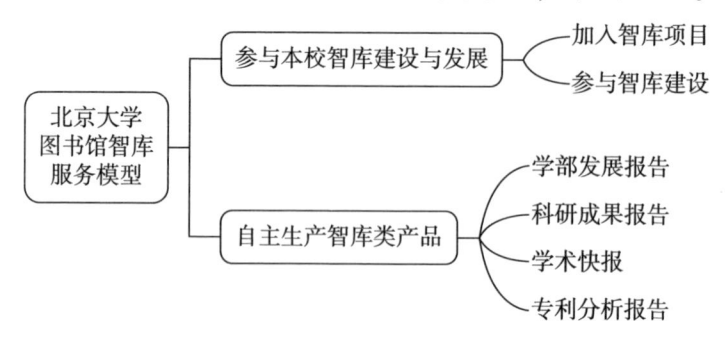

图 4-7　北京大学图书馆智库服务模型

4.4　浙江大学图书馆

4.4.1　概述

浙江大学图书馆作为双一流建设高校下设的学术图书馆,早已在其发展规划中将开展"智库服务"作为工作重点。从浙江大学图书馆"面向 2030 年的发展规划"及"十三五数字图书馆建设项目规划"[①] 中可以发现,"智库服务"不但从战略定位上被赋予了重要的地位,还在实践工作的落实中被不断地计划和完善。浙江大学图书馆将智库机构的核心使命及目标作为行动导向,将智库服务工作的重心落在了"决策支撑"和"智库研究"上,并提出了图书馆要积极主动地向决策与政策制定

---

① 浙江大学图书馆 [EB/OL]. [2019-08-30]. http://libweb.zju.edu.cn/main.htm.

者、智库机构等参与决策咨询工作的各方面力量贡献有益于科学决策的服务，为决策者和决策机构不断地提供参考依据。浙江大学图书馆的智库服务不仅定位于"服务性""辅助性"工作，而是将自身定位在"成为智库的智库"这一较高目标。这一做法不但拉近了学术图书馆与智库机构的关系，还将推动图书馆进入决策咨询工作的行列，成为咨政群体的成员。

近年来，浙江大学图书馆不断地尝试开辟各种智库服务发展的路径，例如积极与国家咨政部门合作，将自身优势与咨政需求相结合：与中国工程院科技知识中心合作开发决策咨询知识服务平台，重点监测全球科技智库机构的运营情况，并对这类机构的发展趋势进行预判；与中国科技奖励办公室联合推进科技行业评价体系改革，引入对科技行业发展力的评价框架。以上探索与实践为浙江大学图书馆开展智库服务积累了宝贵经验，也进一步印证了学术图书馆具有主动对接智库决策的需要，参与决策咨询工作的可行性与必要性。

4.4.2 实践

(1) 参与智库项目

在国家大力发展高端智库的进程中，无论是学术界还是实务界都应该首先明确何为"高端智库"、高端智库应具备何种基本组织结构、高端智库的具体功能是什么，以及高端智库与传统智库机构相比的优异之处等。从信息管理科学的角度出发，同时结合世界高端智库机构的先进经验可发现，搭建功能齐备、信息资源完善的"决策咨询数字系统"将是高端智库良性运转需具备的必要条件之一。中国工程院作为国家重点支持的大型高端智库机构，就格外重视自身知识服务功能的开发，由此重点打造了专门面向决策咨询工作的知识服务数字系统，通过对该系统的利用智库机构能够以高效能的方式获取大量数据并掌握通过分析这些数据所得出的结果；另外，通过对该系统的运行用户还能够便捷地掌握国际智库机构的实时发展动向，从而将所获取的结论应用到对全球智库机构的评价工作。

  在搭建以上所述的数字化知识服务系统的过程中，浙江大学图书馆就承托了中国工程院主持的"全球智库评价项目"，图书馆的主要工作内容包括三个方面：第一，根据我国建设新型智库、高端智库的战略规划，对全球范围内与智库机构评价相关的研究进行系统性述评，以明确此项研究的重点及可行性的发展方向；第二，全面调查和精准地筛选有资格被纳入此项评价工作的众多客体（智库机构），并根据客体筛选情况形成可供查询的来源机构目录（或数据库）；第三，搭建和不断完善全球智库评价工作的基本框架，设计具有标准化特征的具体评价指标体系。通过以上三项工作的逐步推进，图书馆获取了相对科学、客观的两大类基础数据源，即"参评智库机构名录"以及"多项评价指标"。对于来源机构的确定工作，图书馆充分利用了文献调查的方法，第一步对"智库机构"加以严格定义，第二步归纳总结出"收录规范"，最后确定了1000余家机构作为评价客体；另外，图书馆还通过公开渠道广泛地采集目标机构的组织、管理、运营信息，根据其发展概况、所属国家（或地区）、研究领域等要素对这些机构进行数据化的分

第四章 学术图书馆智库服务实践分析

类（表4-5）。

表4-5 基于"全球智库评价项目的浙江大学图书馆智库服务"

项目	主办方	承托方		
			工作内容	信息成果
全球智库评价项目	中国工程院	浙江大学图书馆	系统评述；筛选客体；搭建框架与指标体系	智库机构名录；评价指标体系

目前浙江大学图书馆对于智库机构评价指标的确定分为两部分内容：一部分是难以直接通过公开渠道获取的隐性、动态数据，这部分数据主要由图书馆工作人员通过利用情报分析及信息挖掘等方法手动调查获取；另一部分是可以通过被调查机构公开发布渠道直接获取的数据，这部分数据需要工作人员对被调查机构的网站、社会化媒体活动等内容进行实时监测采集。另外，在评价工作中还要重视对国内外智库机构评价成果进行调研，目的是确保此项工作的开放性及科学性。目前，浙江大学的"全球智库评价"项目已经形成由三个主要榜单（全球、综合、国内），一份智库研究报告（全球智库影响力评价报告），一个动态门户网站构成的智库机构研究系统[1]（图4-8）。用户可登录此系统对全球知名智库进行查询，并获取此项工作的研究原理（遴选标准、指标体系、计算建模等）。

---

[1] 浙江大学信息资源与应用研究中心［EB/OL］.［2019-08-30］. https：//lib.zju.edu.cn/thinktank.

图 4-8　浙江大学图书馆智库机构研究系统界面

（2）围绕议题生产智库类信息成果

对行业科技发展水平的评估，有利于全面认知和把握科技活动过程中该行业具备的研究能力、创新能力、人力物力财力等多个发展要素之间存在的关联，从而具有前瞻性地为行业发展、技术进步提供较为准确的参考内容。从目前各类行业发展研究现状来看，通常情况下，对于行业的发展研究主要体现在对"行业科技竞争力"的评估上，而这类评估报告较多地侧重于对不同国家、区域的比较分析。然而，随着行业间的协同发展、科技的进步与融合，跨行业的科技评估类信息产品也有了一定的需求。

浙江大学图书馆主持开展了"中国国民经济主要行业科技发展水平量化评估"[①] 项目，其目的在于对我国各行业的科技进步情况进行比较分析。该项目的总体研究思路是：调查分析不同领域科技进步的特性，总结行业间科技进步的共性，搭建适用于全部行业的客观评价体系，进而开展跨行业的量化比较。

浙江大学图书馆行业发展研究报告的具体工作方式为：第一，开展机构信息清洗工作，对机构名称进行标准化设置，并

---

① 张焕敏，黄晨. 研究图书馆的智库职能与实践 [J]. 大学图书馆学报，2019 (1)：17-21.

将重复机构名称进行合并,确保所获机构名称符合设定标准。第二,规范"行业归属",此项工作需要图书馆参考最新的"工业企业名录",并通过确定"映射关系"将各个具体企业归类到最恰当的行业范畴。以上工作的重点以及难点在于对数据源的获取和保留,为此,浙江大学图书馆利用了先进的计算机技术手段("Levenshtein 距离算法"),通过对比字符串相似度来保障所获数据源的准确性。第三,通过筛查和参考多种类型的年鉴、统计数据、论文专利数据库、企业行业数据库,开发出了众多行业科技量化评估所需的基础数据集。第四,构建"环境-投入-产出-核心竞争力-影响力"量化评估系统,同时采用回归模型运算方法,从数据拟合度、评价预测结果等方面试测对比 3 个模型后确定最优项,采用该数据模型进行指标精简优化、权重分析、综合评分[①]。"国民经济主要行业科技发展比较研究"构建了适用于不同行业领域间进行科技发展水平比较的量化指标体系,为科技政策制定部门提供了重要的决策支持。

4.4.3 总结

通过上述对浙江大学图书馆开展智库服务的具体案例分析,可以发现浙江大学图书馆从其自身的发展定位、发展战略规划的源头开始便树立了智库研究意识,更难能可贵的是,其长远的发展目标在于成为"智库的智库"。从承担工作的内容、研

---

① 陈振英,黄晨.浙江大学图书馆智库服务实践与思考[J].图书馆杂志,2019(5):65-70.

究成果和智库服务类型上看,浙江大学图书馆已然存在向专业智库机构演化的趋势。其智库咨政职能主要体现在:第一,向决策与政策制定者输出有助于科学决策的建议、思想、信息成果;第二,利用先进的信息分析手段,将知识服务嵌入决策咨询工作,从而辅助决策问题的化解;第三,积极参与行业、地区、国家等多个层次的具体决策咨询工作,并承担了可发挥图情专业特长的重要角色。浙江大学图书馆智库服务发展定位与具体举措适当地弥补了部分智库机构信息管理能力不足的缺陷,值得具有较强的信息管理能力和开展智库服务意愿的图书馆参考。

4.5 上海海事大学图书馆

4.5.1 概述

上海海事大学是我国具有海洋学科特色的高等专业院校,该校图书馆所开展的智库服务紧密围绕海洋学科特色,为海事相关的决策、研究提供了多方面的咨询支撑。通过调查发现,上海海事大学图书馆的智库服务实践主要是从"构建智库信系资源保障体系"和"完善智库信息服务体系"两大方面展开的:第一,上海海事大学图书馆的智库信息资源保障体系包括围绕海事特色专业建设特藏资源、根据智库机构需求设置专题数据库、搭建智库信息平台、定期发布智库信息成果(连续出版物);第二,该馆的智库信息服务体系主要是由学科情报

(包括航运、物流、海工、海洋等)和科技情报服务(包括科技情报、专利情报、竞争情报等)构成的①。

4.5.2 实践

(1) 智库信息资源保障体系

第一,特藏资源。

作为具有海事特色的高等院校图书馆,上海海事大学图书馆十分重视对专业文献馆藏的建设,搭建了保障海事相关学科开展教学与科研的特色馆藏,并形成一套较为完善的海事文献保障体系。除了对相关纸质资源,如期刊、教材、工具书的配置和管理,还较为重视购置具有海事特色的数据库资源。其文献保障体系主要围绕"港口、船运、物流""海事政策与法律""商船、海洋政策"等领域搭建。

第二,打造专题数据库。

根据海洋特色学科的需要,上海海事大学图书馆重点购置了具有智库特色的海事类数据库如:Drewry 航运咨询报告、Seasearcher、Lloyd's LawReports 等。除了以"购置"资讯类数据库的方式完善智库信息资源保障体系,图书馆还较为重视根据本馆已掌握的信息资源自建具有海事特色的专题数据库。自建海事特色库包括"上海海事大学硕士学位论文库""法律法规库""水运数据信息库"等。上海海事大学硕士学位论文库创建于 2001 年 5 月,数据库内论文以 Word 格式显示,可供用户

---

① 上海海事大学图书馆 [EB/OL]. [2019 - 08 - 30]. http://www.library.shmtu.edu.cn.

下载。水运数据信息库内容为有关航运、经济的统计信息，主要为图表格式的数据；另外，以上数据主要来自以下文献：《中国统计年鉴》《国际经济信息》《中国航运发展报告》*The Drewry Monthly*，这是对已有信息资源的二次开发和利用。

第三，搭建信息平台。

为了向用户提供便捷、高效的智库服务，上海海事大学图书馆将多个海洋学科信息网站进行了二次开发与整合，形成可供用户浏览、查询、反馈的集成式信息平台[1]。另外，上海海事大学图书馆还建设了"国际海事信息网"[2]，该网站的发布主要为映射上海市积极打造"国际航运中心"的发展战略，面向海洋战略研究机构开展服务。国际海事信息网的服务领域包括海事经济、海洋法律、物流、船舶安全、港口信息等。该平台将各类信息资源进行了有效的分类与整合，从而具有发布短讯、新闻、行业数据、学术文献以及评论等功能。该平台的搭建为海事研究的相关智库机构提供了海量的具有参考价值的信息，对海事领域决策咨询工作也起到了积极作用。

第四，发布连续出版物。

上海海事大学图书馆主持发布了名为《海运纵览》的连续出版物，该刊物以月为单位发表，其主要定位是向具有海事信息方面需求的用户提供科学的、规律的、持续的、动态的信息支持。该信息产品的发布主要是通过前文所述的电子信息平台

---

[1] 上海海事大学图书馆［EB/OL］.［2019-09-10］.http://www.library.shmtu.edu.cn.

[2] 国际海事信息网［EB/OL］.［2019-09-10］.http://www.simic.net.cn.

来完成的。

(2) 智库信息服务体系

上海海事大学图书馆以面向用户开展有效的信息服务为目标，逐步形成一套具有海洋专业特色的智库信息服务体系。首先，该馆根据本机构的实际情况进行了发展战略规划，重点围绕本校特色专业实现特藏文献建设。其次，该馆较为重视实时对用户需求进行调研，并根据用户实际需要策划服务内容。最后，该馆不断追求服务方式的创新，并不满足对于信息资源的收集、整理等工作，而是对所掌握的信息资源进行再次加工、分析和总结，并且构建了汇集海事信息收集、海事情报研究与海事问题决策咨询的服务体系，其服务内容包括输出航运情报、物流情报、海工情报、海洋学科情报、竞争情报、专利情报、科技情报。主要服务体系架构包括：信息产品输出-信息咨询-研究支持-决策咨询[1]。

4.5.3 总结

综上所述，上海海事大学图书馆智库服务可被归纳为两方面内容：第一，构建智库信息保障体系；第二，完善智库信息服务体系。具体模型请见图4-9。

---

[1] 吕长红，陈伟炯，梁伟波，等．高校图书馆信息智库构建研究［J］.新世纪图书馆，2014（2）：39-42.

```
                            ┌─ 特藏
              ┌─ 智库信息保障体系 ─┼─ 专题数据库
              │                  ├─ 信息平台
上海海事大学    │                  └─ 连续出版物
图书馆智库 ────┤
服务模型       │                  ┌─ 航运情报
              │                  ├─ 物流情报
              └─ 智库信息服务体系 ─┼─ 海工情报
                                 ├─ 学科情报
                                 └─ 其他
```

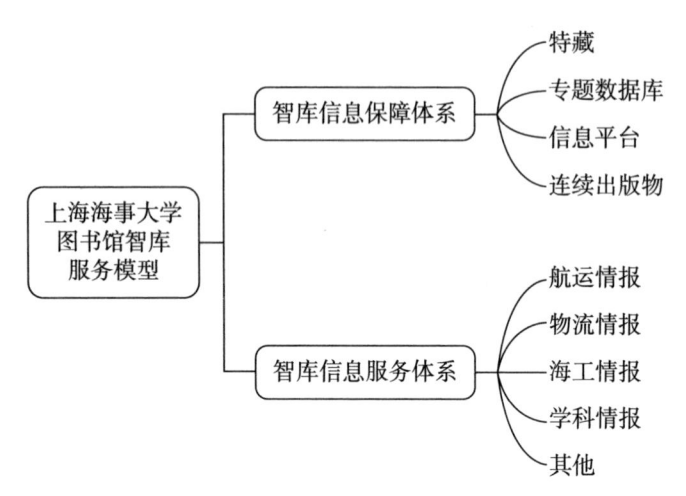

图 4-9　上海海事大学图书馆智库服务模型

4.6　上海对外经贸大学图书馆

4.6.1　概述

上海对外经贸大学是我国上海地区的一所以经贸学科为特色的专业高等院校。上海对外经贸大学图书馆十分重视参与本校智库机构的建设工作，在该校启动成立某智库机构工作时，图书馆主动与智库建设项目组开展对接，对智库建设工作的具体需求进行充分的调研，图书馆切实围绕智库建设项目的开展目标和进程，以及智库机构的运行机制设计服务内容。该图书馆的智库服务主要包括：对智库所需的信息资源进行保障、面向智库工作编纂连续出版物、开发服务于智库机构的数据库。图书馆参与了该校智库机构"中东欧研究中心"的建设工作，

第四章　学术图书馆智库服务实践分析

并发挥了重要作用。

4.6.2　实践

（1）构建信息资源保障体系

图书馆的信息资源保障工作需要建立在对用户需求充分感知的基础上，该校图书馆在中东欧研究中心的建设与发展过程中，树立了良好的智库服务意识，针对智库需求完善资源保障体系。基于自身在信息吸收方面的特长，利用多种手段、通过各类渠道获取智库机构所需的信息资源，从与智库研究相关的专业网站（如国际组织网站、中国外交部网站、各使领馆网站、区域性联盟网站等）获取调查数据、行业资讯，不断收集会议报告、机构专报、媒体新闻、商贸信息等内容，并及时对这类信息资源进行汇总、分类、发布，从而形成简洁、明确的信息资源聚合供用户使用。

（2）生产信息产品

第一，连续出版物。

上海对外经贸大学图书馆自主创办了《中东欧动态信息》刊物，该刊物创办的目的是对中东欧的最新发展动态进行发布，及时整合中东欧国家的最新研究成果，并将这些动态及成果以出版物的形式汇总，以此帮助相关研究者获取学术咨询。这类信息产品中包含的具体内容虽然不是学术图书馆的原创产品，但是学术图书馆在这类信息产品的产生中付出了大量的智力劳动。分类得当、定期出版、具有信息聚集性质的信息产品也是国际智库机构信息产品的类型之一。

第二，专题数据库。

上海对外经贸大学图书馆面向"中东欧研究"的相应科研需求搭建了名为"中东欧研究"的专题数据。此数据库的主要工作原理在于，以上海对外经贸大学图书馆已有自建数据库为基础，深入、细密地制定符合研究需求的"数据检索策略"和具有学科特色的"标引规范"，从而在数据库内部实现数据资源的检索、甄选、管理、发布等工作。该数据库所收录的文献资源包括了大量与中东欧国家经济社会发展相关的资料，并将这些资源以"历史社会、语言文化、政治法律、民族宗教、教育科技、外交关系、经济贸易与会展旅游"八个大的方面进行分类式的呈现；该数据库中的具体文献形式包括：论文、调查报告、法律文本、统计数据等，使用者可以利用题名、责任者、年代、来源、国别、关键词等进行检索查询；同时，该数据库还对全球部分研究机构和研究专家的网络资源进行了整合，并且制作了链接。

另外，上海对外经贸大学图书馆还自建了贸易文献数据库、WTO研究资料数据库、商务英语专题库等数据库。该图书馆通过建立支撑智库研究的数据库和平台系统，不但为智库机构提供了研究支撑，同时还起到了对智库信息成果宣传的作用①②。

---

① 上海对外经贸大学图书馆 [EB/OL]. [2019-09-10]. http://www.suibe.edu.cn.

② 赵珊珊. 基于项目制的图书馆参与高校智库建设研究——以上海对外经贸大学图书馆为例 [J]. 图书馆, 2019 (3)：37-40, 57.

4.6.3 总结

上海对外经贸大学图书馆智库服务模式主要包括两方面，即构建信息资源保障体系和生产信息产品（图4-10）：

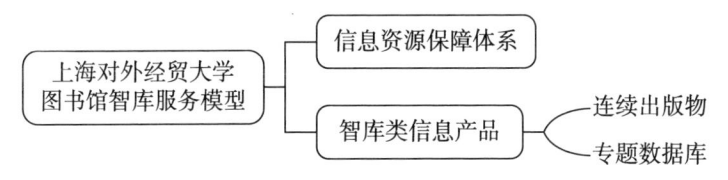

图4-10 上海对外经贸大学图书馆智库服务模型

4.7 其他学术机构的智库服务实践

4.7.1 学术图书馆（或部门）

除对前文所述的学术图书馆智库服务实践进行了较为深入的案例分析外，本研究还对我国部分其他学术图书馆（或具有学术职能的图书馆部门）的智库服务实践进行了汇总，并根据其内容及智库服务类型进行了整理，从而形成了表4-6。

表4-6 其他学术图书馆智库服务实践概览

	单位名称	具体智库服务内容	类型
1	清华大学图书馆	《数学学科文献计量分析系列报告》	智库类报告
2	同济大学图书馆	《同济大学土木工程学科合作与竞争优势分析》	智库类报告

续表

	单位名称	具体智库服务内容	类型
3	武汉大学图书馆	《新闻传播学研究态势分析》	智库类报告
4	复旦大学图书馆	与中文系合作发布"人文学科评价报告";引进美国哈佛大学 Dataverse Network 系统,建立"高校社会科学平台"	智库类报告;智库信息平台
5	上海交通大学图书馆	完成"120项颠覆性技术预见"项目的前沿热点探测与分析,形成领域分析报告	智库类报告
6	华中科技大学图书馆	《华中科技大学与985部分高校优势学科及高影响论文比较分析》	智库类报告
7	中科院文献情报中心	定期产出多主题下的大量科研报告	智库类报告
8	中国社科院图书馆	定期产出多主题下的大量科研报告	智库类报告
9	中国国家图书馆(决策咨询部门)	长期服务"两会":发布《国家图书馆"两会"专题文献信息专报》;搭建"国家图书馆大会信息服务平台"	智库类报告;智库信息平台

4.7.2 图情专业院系

我国部分著名高校的信息管理系(学院)中的图情领域专家基于本专业优势也产生了一些具有影响力的智库信息成果,

这些图情领域的专家不仅从事着与智库相关的研究，还在智库领域产出了具有影响力的学术成果，其研究不但对推动图情行业参与决策咨询工作起到了积极作用，还对智库行业科学决策具有重要意义。笔者将这部分内容汇总形成了表4-7。

表4-7 我国信息管理领域专家智库成果

1	北京大学信息管理系	王继民教授团队：高校一级学科评估数据综合分析平台	智库信息平台
2	南京大学信息管理学院	李刚教授团队：CTTI中国智库索引；著作、论文等；智库论坛、学术研讨等活动	智库信息平台；智库类报告；智库类活动
3	武汉大学信息管理学院	邱均平教授团队：《世界一流大学与科研机构竞争力评价报告》	智库类报告

4.8 "事实型智库"的信息管理实践

基于2016-2020年对与智库相关问题的研究积累，笔者将"事实型智库信息管理实践"作为本研究主题下的内容之一，这一选择经过了较长时间的斟酌，并非偶然兴起。笔者发现，学术图书馆与事实型智库（fact tank）在功能、组织架构、能力要素等方面较为贴近。同时，通过对国内外学术图书馆智库服务情况的调查，部分学术图书馆在其发展战略中明确提出了向智库机构转型的意愿，而部分科研能力较强的学术图书馆的确存在成为严格意义上的智库机构的潜质，因此，笔者从对皮尤研究中心信息管理实践调查着手，充分总结其作为事实型智库机构的可借鉴的发展经验，将对学术图书馆开展智库服务起到一定的启发作用。

4.8.1 概述

在各种类型的高端智库机构中，皮尤研究中心是具备自主研究能力、掌握大量一手调查数据、拥有独立和多种公开传播渠道的事实型智库；在世界范围内，该中心的调查数据、研究报告、智库观点等信息成果得到了学界、政界、商界的广泛引用。笔者参考了美国宾夕法尼亚大学发布的最新版《2018全球智库报告》（2018 Global Go To Think Tank Index Report），对各类"最佳榜单"梳理总结后发现，皮尤研究中心在"美国最佳智库榜单"中排名26（上榜智库共97家），本年度共计上榜6次，综合表现优异，在传播力、对网络的使用、信息成果与政策流程质量等方面都有突出的贡献，具体情况详见表4-8[①]。

皮尤研究中心在1996年成立于华盛顿，是一家非营利性的独立研究机构，其使命是为决策者、媒体、非政府组织领导人、学者、商界领袖和公众提供与重要国际议题相关的基于独立调研数据和分析的结论。从2001年至今，皮尤研究中心已在全球108个国家开展过事实调研工作[②]。与其他类型智库机构相比，皮尤研究中心的突出优势就是具有较为成熟的信息管理实践体

[①] 2018 Global Go To Think Tank Index Report [EB/OL]. [2019-07-10]. https://repository.upenn.edu/think_tanks/16.

[②] Pew Research Center [EB/OL]. [2019-07-10]. https://www.pewresearch.org/follow-us.

系，其具备的信息吸收、分析、开发与传播功能则与目前学术图书馆所具备的功能较为接近，因此有意开展智库服务的学术图书馆可重点借鉴该中心的先进经验，从而有效提升信息管理能力，产出高质量、具有影响力的信息成果，进而实现由"咨询"到"咨政"的升级。

表4-8 皮尤研究中心于《2018全球智库报告》中上榜情况统计

编号	榜单序号	榜单名称	智库总量	排名
1	Table7	Top Think Tanks in United States 最佳美国智库	97	26
2	Table29	Best Advocay Campaign 最佳传播力	95	13
3	Table42	Best Use of Social Media and Networks 最佳社会化媒体使用	86	61
4	Table45	Think Tank with the Best Use of the Internet 最佳互联网使用	65	8
5	Table46	Best Use of Media（Print or Electronic） 最佳媒介（印刷品及电子媒介）使用	64	11
6	Table52	Best Quality Assurance and Integrity Policies and Procedures 最佳"成果质量"和"政策生成流程"	70	48

4.8.2 实践

现代社会信息管理理论主要是对社会运行的信息机制，信息资源开发、调配与组织管理机制，信息传递与交流，信息揭示、控制与组织,信息研究决策与咨询,信息技术管理,信息系统、网络管理,信息服务与用户管理,信息经济管理,信息政策与信息法律等方面开展研究①。依托以上理论并结合笔者归纳出的皮尤研究中心的信息管理实践情况,本研究拟从以下几个方面展开调研:信息吸收、信息分析、信息资源开发与共享、信息传播。

(1) 信息吸收

皮尤研究中心在开展研究工作的过程中形成了一种较为完整、可靠的信息吸收模式,具体要素包括议题选取原则与范围、数据调查方法、信息验证方式,笔者将其归纳为表4-9。

表4-9 皮尤研究中心信息吸收模式

要素	特征及手段
选题原则	主题多元化、追踪热点、对突发事件反应及时
选题范围	调查项目遍布全球、与全球多个调查机构合作
调查方法	问卷调查法(线上、线下)、访谈法(线上、线下)、田野调查法
验证手段	项目主管综合评估、现场工作表现评估、问卷设计打分、访谈过程监控

第一,选题原则及范围。

皮尤研究中心的研究涉及领域较为广泛,其中包括美国政治、新闻热点、社会发展趋势、互联网与科技、宗教、全球化等多个方面,研究议题则呈现出了多元化的态势;在对具体议

---

① 胡昌平.现代信息管理机制研究[M].武汉:武汉大学出版社,2004:19.

第四章 学术图书馆智库服务实践分析

题的选取上则体现出两个突出特征,即"热"与"快"。"热"是指皮尤研究中心在选题上通常较为青睐全球在过去一年内受关注度最高的热点问题,并且该中心会有意识地梳理总结、不断更新"list(名单)",以吸纳这些备选议题;而"快"则体现在皮尤研究中心通常会及时地捕捉到一些影响公众、媒体、决策与政策制定者的"突发事件"。

在信息吸收的范围方面,皮尤研究中心具有全球化的视野,其开展的调查项目往往遍布全球多个国家和地区,在世界各地设置了调查中心,还与全球多个具有调查功能的机构开展合作。这一做法保证了皮尤研究中心可以吸收来自全球不同地域、种族、政治倾向等被调查者的数据,为调研样本的多样性提供了有力的保障。

第二,数据调查方法。

皮尤研究中心用以获取数据的最主要方式是运用实证类的方法,如问卷调查法、访谈法,另外,田野调查法也是其较为常用的调查方法。问卷调查法主要通过现场和邮件的方式发放问卷;访谈法包括面对面的访谈(也包括视频采访)、电话访谈;皮尤研究中心的高级研究员(Senior Researcher)Laura Silver女士认为"田野调查"是用来深入获取某一问题在某具体区域的情况,往往可以获得较为完整的数据。皮尤研究中心在使用田野调查法的过程中积极利用科技手段,例如使用GPS跟踪系统和全程录音;同时要注意保护受访者的隐私,并遵循欧盟《通用数据的保护条例》(General Data Protection Regulation,

简称 GDPR)[①],以避免出现侵权行为。另外,皮尤研究中心在对不同受众群体开展调研工作时,还会针对不同人群设计不同的可以吸引他们主动参与调查的方式,如赠送小礼物、给予金钱补偿、赠送信用卡积分等[②]。

皮尤研究中心还在其网站上设计了"线上调查"的功能模块。在这一模块中,该中心通常围绕某一议题向用户发问,用户在线上回答该中心提出的若干问题后,还可以事实观察到调查结果,并对自己的作答加以衡量。例如,皮尤研究中心网站的最新互动式调查的主题为"U.S. Religious Knowledge Quiz(美国宗教知识测验)",这一调查包括了 15 个问题,用户在完成作答时可以看到之前参与本项调查的 10971 名被调查者的结果。这种功能一则可以突破时空的限制吸收用户对某议题的态度;二则可在线随时向用户反馈结果,增强了调查的互动性。此种方式较为适合对态度性问题的调查,而实时反馈也激发了用户接受调查的兴趣,进而帮助该智库积累越来越多的数据[③]。

第三,信息验证方式。

皮尤研究中心较为重视信息验证工作,每一项具体调查都包含了"数据质量维护"环节,数据质量主要包括数据准确性、完整性以及逻辑性。为了对信息进行有效验证,其操作手

---

① General Data Protection Regulation [EB/OL]. [2019-07-10]. https://gdpr-info.eu.

② Laura Silver. CCG (Center For China AndGlobalization) [EB/OL]. [2019-08-01]. http://www.ccg.org.cn/Event/View.aspx?Id=11039.

③ Interactives [EB/OL]. [2019-08-01]. https://www.pewresearch.org/category/interactives.

第四章 学术图书馆智库服务实践分析

段有：对项目主管进行综合评估、对调查员和监督员现场工作表现进行评估、对问卷设计进行打分、对访谈过程进行监控等①。

（2）信息分析

笔者在调查中发现，皮尤研究中心在信息分析实践中有三个值得重点关注的经验：第一，建立专门的"数据实验室（Data Labs）"，利用大数据的方法补充和监督现有议题的研究；第二，重视对信息分析中存在的（或可能存在的）问题的反思与总结；第三，将分析结果进行可视化的呈现。笔者将皮尤研究中心的信息分析实践经验进行了归纳，呈现为表4-10。

表4-10 皮尤研究中心信息分析实践经验

经验	操作	目的
数据实验室	运用大数据技术	补充和监督议题研究
工作报告	撰写、发布报告；录制视频	探讨、总结、反思
图屏团队	运用各类可视化技术	便于理解

第一，建立数据实验室。

皮尤研究中心的数据实验室的工作内容包括围绕相关议题，收集文本、网络和行为数据集，使用先进的计算技术和经验策略对其进行分析，并指出该中心信息分析实践中可能出现的问题，如分析方法或数据的局限性等，并帮助建立皮尤研究中心

---

① Laura Silver. CCG（Center For China AndGlobalization）[EB/OL]. [2019-08-01]. http://www.ccg.org.cn/Event/View.aspx?Id=11039.

信息分析的标准①。可见,数据实验室不但对皮尤研究中心信息分析工作起到了补充和拓展的作用,也起到了一定的监督作用。

第二,发布问题报告。

皮尤研究中心还有意识地根据信息分析工作中存在(或可能存在的)的问题撰写和发布相关工作报告,甚至录制相关视频以讨论和剖析这些问题。例如,皮尤研究中心从 2015 年至 2019 年发布了 29 个主题的报告(或视频节目),内容包括网络调查中可能存在的错误、电话调查中的抽样问题、轮询的"爆发点"、民调专家在电话调查中的困境、对数据真实性分析的讨论等。这些对于信息分析实践的思考和讨论,既是该中心对信息分析实践的反思,又是可供其他研究者加以参考和利用的研究资料。这也体现出皮尤研究中心在其信息管理实践中善于总结和反思的特质②。

第三,信息结果可视化呈现。

对于信息分析结果的呈现,皮尤研究中心较为重视利用可视化技术,其研究报告中除文本外,还强调使用 Excel 表格、图片等可视化的资料,而且善于利用柱状图、趋势图、结构图、热点图等表现综合对比、发展趋势、结构化特性等方面的内容,并且强调这些可视化信息需要具备容易理解、色彩丰富等特质。为此,在组织架构上,皮尤研究中心专门设立了负责将分析结

---

① Data-labs [EB/OL]. [2019-08-01]. https://www.pewresearch.org/topics/data-labs.

② Publications [EB/OL]. [2019-08-01]. https://www.pewresearch.org/methods/category/publications.

第四章 学术图书馆智库服务实践分析

果以可视化形态呈现的"图屏团队"[1]。

(3) 信息资源开发与共享

世界知名智库较为常见的做法是将该机构的数字出版物(研究报告、期刊、著作、影音资料等)加以汇总发布在机构网站上,供用户查找和获取。而皮尤研究中心的网站除了具备以上功能外,还极为重视对其掌握的信息资源的深度开发与广泛共享,其主要特征表现在建立完善的分类与检索功能,重视对科研数据的管理,构建多种类型的数据库;借此,皮尤研究中心的信息资源开发与共享工作与其他智库机构相比体现出了一定的先进性,详见表4-11。

表4-11 皮尤研究中心信息资源开发与共享特征剖析

	皮尤研究中心	其他智库
研究议题/智库报告	发布时效长、具有检索功能、分类细化	时效不保证、分类简单、检索功能不确定
科研数据	在特定年限后公开;提供在线咨询;提供数据集导出及分析方面的协助	不公开
线上调查结果	实时公开	暂无
各类数据库	工具库、影音库、地图库、PPT库、方法库	暂无
管理理念	开放、互动、共享	单方面发布、有限使用

---

[1] Laura Silver. CCG (Center For China AndGlobalization) [EB/OL]. [2019-08-01]. http://www.ccg.org.cn/Event/View.aspx?Id=11039.

第一，分类与检索。

由于持续开展全球化的研究，皮尤研究中心积累了大量的议题、调查数据、研究结论，为了便于用户掌握和使用这些资源，中心针对海量的议题进行了用"a-z字母"排序的详细分类，并开发了快速检索的功能，俨然形成了一个"问题库"，用户可在中心网站下设的"问题库"中根据主题名称检索到从1983年开始的各类议题及对应的研究报告（皮尤研究中心的前身是以项目小组的形式存在的，在1996年正式以"研究中心"的形式挂牌成立），这一如同"词典"般的工具的功能，可以帮助全球的决策者、学者、媒体、社会大众等一切对该研究中心成果感兴趣的用户快速准确地查找到相关议题，并加以利用[①]。

第二，科研数据管理。

皮尤研究中心的另一项较为重要的开放成果就是其"科研数据"，中心向全社会提供每一项具体议题研究过程中产生的数据。用户可在其网站中的"dataset"板块中查找根据研究领域分类的"数据集"，但是该中心对此类数据的发布设置了时长为"两年"的限定，既通常一份研究报告正式发布两年之后，其研究数据才能被公开。中心网站还提示用户可以通过邮件的方式联系其工作人员，获取关于数据"导出"和"分析"的帮助。公开发布科研数据为全世界的研究者机构或个人提供了二次引用的机会，也将有助于对某些问题展开更加深入的研究。以上做法目前仅在部分智库中存在，而众多智库机构往往

---

① Topics [EB/OL]. [2019-08-01]. https://www.pewresearch.org/topics.

第四章　学术图书馆智库服务实践分析

不会公开发布其研究数据，这使可被检索、分类得当的"科研数据集"就显得更加专业和珍贵了①。

第三，各类"库"。

皮尤研究中心除构建了"问题库""公开科研数据""线上调查结果反馈"，还开发了"问卷库""地图库""PPT库""多媒体资料库""方法库"等资源，以上资源可惠及全球研究者，这既反映出该智库对信息资源进行了深度开发与利用，同时也这体现了其"开放、互动、共享"的先进发展理念。

（4）信息传播

通过信息传播智库机构的影响力有可能得到释放从而形成效应；反之，无论"信息成果"本身多么具有决策咨询价值，如果缺乏有效的信息传播机制，这些成果就只能被"闲置"，难以发挥其应有的作用。目前，皮尤研究中心的信息传播活动总体上可以分为两大类：一是组织和参与线下活动；二是通过互联网完成的线上实践。

第一，线下传播。

皮尤研究中心的线下信息传播实践包括了召开记者发布会、学术论坛等，这与其他大部分美国著名智库机构的线下活动无异，这些活动促进了研究者之间、研究者与外界的多向交流，也是智库机构惯常使用的传播方式。值得注意的是，皮尤研究中心较为重视主动地与媒体取得联系，中心通常会将其观点性的资料打印成册以快递的方式发送到各位记者处，以便其阅览

---

① Download Datasets ［EB/OL］. ［2019-08-01］. https://www.pewresearch.org/download-datasets.

和报道①。

第二，线上传播。

皮尤研究中心充分利用了时下流行的数字化手段对其研究成果进行传播，其线上传播实践主要包括：第一，建立本机构网站，除了赋予其门户的功能外，还将该网站打造成了兼具发布、检索、存取等综合功能的一站式数字平台，用户可根据需要浏览、查询、获取与该机构研究相关的资源。第二，运用第三方数字媒介，拓展影响力。首先，该中心充分尊重用户的个性化需求，根据用户订制以邮件的方式向用户定时推送"Newsletters（简讯）"，以及使用"Rss Feeds（信息聚合）"向用户聚合推送与该中心研究相关的其他网络站点的相关内容；其次，该中心注册了大量社会化媒体账号吸引用户关注和交流，其中包括Facebook、Twitter、Tumblr（微博客）、LinkedIn（商务人际关系网络）等，其中与该中心相关的Twitter账号就有10个之多②。综上所述，笔者总结出了"皮尤研究中心线上传播模式"，并绘制了表4-12。

---

① Laura Silver. CCG（Center For China And Globalization）［EB/OL］.［2019-08-01］. http：//www.ccg.org.cn/Event/View.aspx? Id=11039.

② Pew Research Center［EB/OL］.［2019-08-01］. https：//www.pewresearch.org/follow-us.

表 4-12　皮尤研究中心线上信息传播模式

传播方式	属性及名称		具体操作
自建网站	一站式平台	https://www.pewresearch.org	门户功能；兼具发布、检索、存取等数据库功能
第三方媒介	订制及推送	Newsletters	订制选项包括：时间（每日、周、月等）；内容（评论、新闻、影音资源等）
		RssFeeds	可订制选项：根据研究领域推送；根据研究议题推送
	社会化媒体	Twitter	共注册了以"@ pew research @ fact tank"为代表的与本中心相关的 10 个 Twitter 账号；中心鼓励用户在此社交媒体上关注本机构的专家和研究人员
		Facebook	账号名称：Pew Research Canter
		Tumblr	账号名称：Pew Research Canter
		LinkedIn	账号名称：Pew Research Canter，用户可在此平台获取与该中心人事相关的信息

4.8.3　总结

通过调查发现，皮尤研究中心的信息管理实践体现出四个方面特征：完善的信息吸收模式、强化信息分析素养、信息资源开放与共享、提升信息成果影响力。

（1）完善的信息吸收模式

通过调查可发现，皮尤研究中心的信息吸收模式较为完整且有效，其要素包含了将捕捉关注度高和时效性强的议题作为选题原则，全球化的信息采集，多元化的信息调查手段及周密的信息验证流程。完善的信息吸收模式帮助皮尤研究中心可以选取合适的研究议题并获得大量有效的与议题相关的数据，这成为"事实型智库"研究工作的良好开端。

（2）强化信息分析素养

皮尤研究中心在信息分析实践中体现出了较高的信息分析素养，此处的"信息分析素养"主要可被归纳为两个层面：第一，所掌握的信息分析技能；第二，所具备的信息分析理念。皮尤研究中心积极使用多种信息分析方法，建立"数据实验室"监督和完善信息分析工作等实践都由其掌握的信息分析技能作为支撑；而对信息分析结果的可视化呈现和对信息分析结论的有效反思则展现出前卫、科学的信息分析理念。综上所述，在学术图书馆开展智库服务过程中，也可以从以上两个方面着手，全面提升信息分析素养。

（3）信息资源开放与共享

皮尤研究中心的信息资源种类具有多元化的特质，且其规模不断地扩大。其中包括：最直接的智库产品，如智库报告、著作、连续出版物等；也包括海量的科研数据，如调查数据集、分析结果集等；另外，还包括一系列以"库"的形态存在的信息资源，如"问题（研究议题）库""工具库""地图库""影音库""方法库"，甚至还包括由研究报告梳理总结而成的"PPT库"等。以上信息资源大都是由皮尤研究中心在开展研究的过程中不断加以积累、总结和发布的。全球的互联网用户在该中心的网站注册后，都可以突破时空的限制免费地使用这些资源；另外，值得关注的是，皮尤研究中心的大量调查结论也经常被全球各个领域的研究机构或个人所引用。由此可见，皮尤研究中心非常重视对信息资源的开发和共享，这也间接地惠及了全球的科研工作者，这更是"事实型智库"有别于某些单纯以"发布观点"为工作方式的智库机构的独到之处。

（4）提升信息成果影响力

皮尤研究中心周密且有效的信息传播实践对该机构影响力的释放和智库效应的形成起到了非常关键的作用。与《2018全球智库报告》中所述的其他上榜智库机构一样，其信息传播实践主要包括"线上传播"与"线下传播"两大方面；其信息传播方向则可以被归纳为"向上"——影响决策与政策制定者（包括政坛首脑、商业领袖、著名媒体等），"向下"——对社会大众产生影响。由此，皮尤研究中心形成可对全社会各个阶层产生影响的传播力，这也成为皮尤研究中心作为智库机构得以达成其使命的有力保障。

本章小结

第四章作为案例分析部分，对本研究起到了重要的实践支撑作用；同时，本章内容也验证了本研究的部分基本预设。在本章中，笔者对国内外学术图书馆智库服务的现状进行了调查，所调查目标图书馆包括了世界一流的综合性大学图书馆，世界顶级智库机构图书馆，我国的专业院校图书馆；而在本章最后，笔者对与学术图书馆功能最为切近的智库机构——事实型智库的信息管理实践进行了分析。

第五章 我国学术图书馆智库服务态度研究

通过前部分研究，笔者发现国内外多家学术图书馆已经具备了一定的开展智库服务的实践和理论基础，这是未来学术图书馆智库服务能够普及的良好开端，但除了部分已经切实拥有开展智库服务的条件和意愿的学术图书馆外，更大范围内的学术图书馆对于这项工作的主体意愿及认知依然是须进一步探究的。因此，本部分研究的侧重点在于对我国部分重点学术图书馆开展智库服务的态度的调查和分析，可以从主观层面了解学术图书馆群体对于开展智库服务的意愿、态度、已有优势和可能存在的问题。

5.1 调查概述

5.1.1 研究对象及方法

本章的研究主要采用了"问卷调查"的研究方法，具体调查对象包含了部分我国"双一流建设"高校图书馆，以及（社）科学院图书馆、党校图书馆、国家机关图书馆、军事院校图书馆等前文所界定的"学术图书馆"中的管理人员（馆长、主任、馆员等）。这些图书馆在其所具备的科研能力、所掌握的信息资源、所开展的信息服务等众多方面都可以代表我国学术图书馆目前的情况。

调查工作的主体是通过发放电子邮件和利用网络问卷调查系统完成的，个别调查则通过电话及面访完成。为了保证调查的真实有效性，调查问卷采用了"点对点"的方式进行发放和回收。

5.1.2 调查设计

本调查问卷的主体由 20 组设问构成，其中单项选择题 8 道、多项选择题 8 道、矩阵量表题 3 道、问答题 1 道。设问的第一部分，主要围绕各学术图书馆智库服务的现状、意愿展开；第二部分，则主要针对图书馆智库服务的影响与意义展开；第三部分，对各学术图书馆智库服务开展的具体措施进行调查；第四部分，针对学术图书馆管理人员对开展智库服务的建议进行调查。

5.1.3 回收情况

本调查所选取的学术图书馆包括"双一流建设"高校图书馆以及科学（社科）院图书馆、党校图书馆、其他科研单位图书馆等，调查主体由双一流建设高校图书馆构成。由于本研究所涉及的调查问卷是通过多个渠道点对点发放完成的，预计发放数量为 96 份，最终回收到问卷 63 份，回收率为 65.6%，剔除信息填写不完整以及明显存在问题的 8 份问卷后，获得有效问卷 55 份，有效问卷率为 87.3%。

5.1.4　数据处理

调查结果通过专门的社会科学统计软件 SPSS 进行数据分析，即先将每份有效问卷的数据录入 SPSS，再对总体数据进行全面的单变量分析和交互分析。通过信度检验，得出 Cronbach's Alpha 值高于 90%，说明此问卷的调查结果具有较高的可靠性、一致性和稳定性[1][2][3]。

5.2　数据分析

5.2.1　学术图书馆对智库服务的认知情况

本部分调查的目的在于了解我国重点学术图书馆管理者对于"学术图书馆智库服务"的认知程度和开展此项工作的意向。从调查结果来看，我国重点学术图书馆的管理者对"图书馆智库服务"了解程度较高，并且开展此项工作的意愿度也较高；由于学术图书馆智库服务是近年来较为新颖的业务内容，

---

[1] Eisinga R, Te Grotenhuis M, Pelzer B. The reliability of a two‐item scale: Pearson, Cronbach, or Spearman‐Brown? [J]. International Journal of Public Health, 2013, 58 (4): 637-642.

[2] The SPSSAU project (2020). SPSSAU. (Version 20.0) [Online Application Software]. Retrieved from https://www.spssau.com.

[3] 周俊. 问卷数据分析—破解 SPSS 的六类分析思路 [M]. 北京：电子工业出版社，2017.

第五章 我国学术图书馆智库服务态度研究

目前已有一半以上的参与调查的学术图书馆开展了此项工作，另有将近 1/10 的学术图书馆打算开展此项工作，因此，笔者认为我国学术图书馆智库服务开展程度尚可，且存在上升的趋势。

（1）对学术图书馆智库服务了解程度

在问及对"学术图书馆智库服务"是否了解时，有超过 60.00% 的受调查者回答了"比较了解"（60.00%）及"非常了解"（1.82%）；但也有超过 1/3 的管理者回答了"不太了解"（36.36%）和"完全不了解"（1.82%）。"比较了解"和"不太了解"占据了回答结果的主体，而"非常了解"和"完全不了解"一样，是极少数情况（图 5-1）。

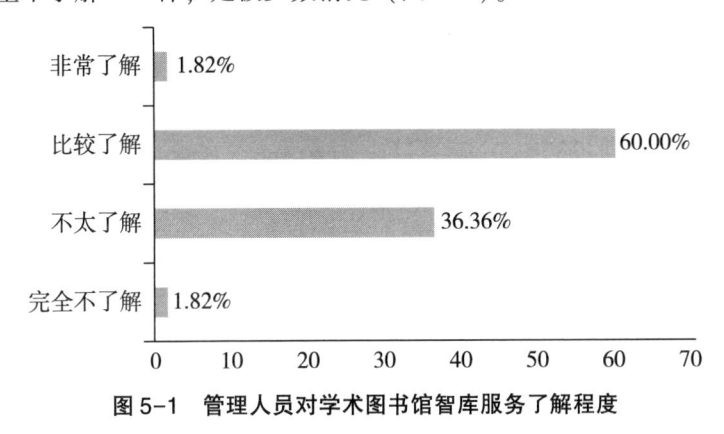

图 5-1 管理人员对学术图书馆智库服务了解程度

（2）对学术图书馆开展智库服务的态度

在调查学术图书馆"是否应该开展"智库服务时，大部分管理者认为应该开展（76.36%），对"不应该开展"的回答结果是"0"，这也说明绝大多数参与调查者对于学术图书馆开展智库服务持积极肯定的态度；另外，有少部分参与调查者对这一问题回答"不确定"（21.82%），还有极少数的参与调查者对学术图书馆开展智库服务持"无所谓"的态度（1.82%），这也说明占1/5的学术图书馆管理者对于智库服务持质疑的态度。而进一步分析发现，"是否了解智库服务"与"是否应开展智库服务"两个问题存在较为明显的相关性，即不了解"智库服务"的受调查者更倾向于不确定是否应该开展智库服务（图5-2）。

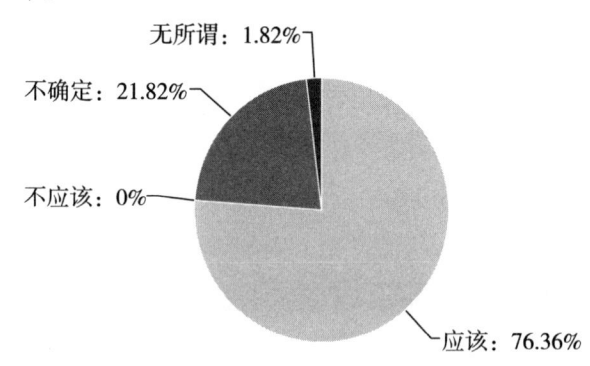

图5-2 管理人员对学术图书馆开展智库服务的态度

（3）学术图书馆智库服务开展现状

在问及是否"已开展"或"打算开展"智库服务时，超过半数的管理者回答了"已开展"（52.73%），有接近1/10的学术图书馆打算开展智库服务（9.09%），另有超过1/3的学术图书馆暂时未打算开展智库服务（38.18%）。而进一步分析发现，在回答未打算开展智库服务的学术图书馆管理者中，仍有部分受调查者对学术图书馆开展智库服务持肯定态度（图5-3）。

第五章 我国学术图书馆智库服务态度研究

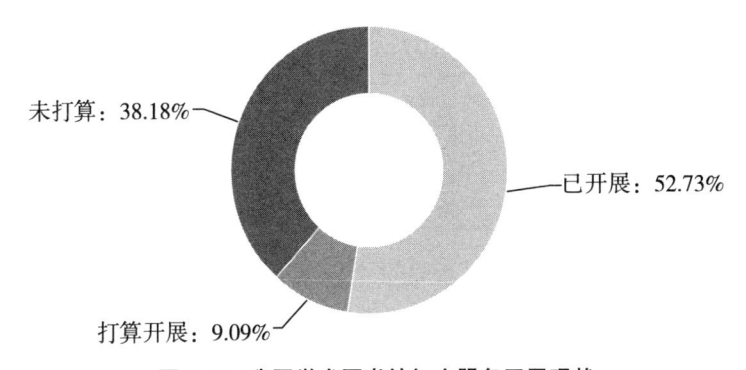

未打算：38.18%
已开展：52.73%
打算开展：9.09%

图 5-3 我国学术图书馆智库服务开展现状

5.2.2 学术图书馆是否开展智库服务的影响因素

（1）学术图书馆开展智库服务的影响因素

调查显示，在"已开展"和"打算开展"智库服务的学术图书馆中，内部因素是主要推动力，而外部因素为学术图书馆智库服务提供了如政策、环境、需求等外在条件。其中，主要内部因素包括图书馆服务创新的内部驱动（97.06%），图书馆具有开展智库服务的资源、技术和人才的优势（85.29%），图书馆主动响应国家新型智库建设与发展的要求（79.41%）；而外部因素主要包括两个方面，即"上级单位的支持"（67.65%）和"智库机构对图书馆服务的需要"（61.76%）。另外，由于仅有29.41%的受访者选择了"已掌握了一定的可借鉴的图书馆智库服务实践经验"，因此该因素暂时不构成学术图书馆开展智库服务的主要因素，并反映出目前学术图书馆界的智库服务实践还有很大的发展空间（图5-4）。

影响因素	比例
图书馆服务创新的内部驱动	97.06%
响应国家新型智库建设与发展的要求	79.41%
智库机构对图书馆服务的需要	61.76%
图书馆具有开展智库服务的资源、技术和人才等优势	85.29%
已掌握了一定的可借鉴的图书馆智库服务实践经验	29.41%
上级单位的支持	67.65%
其他	5.88%

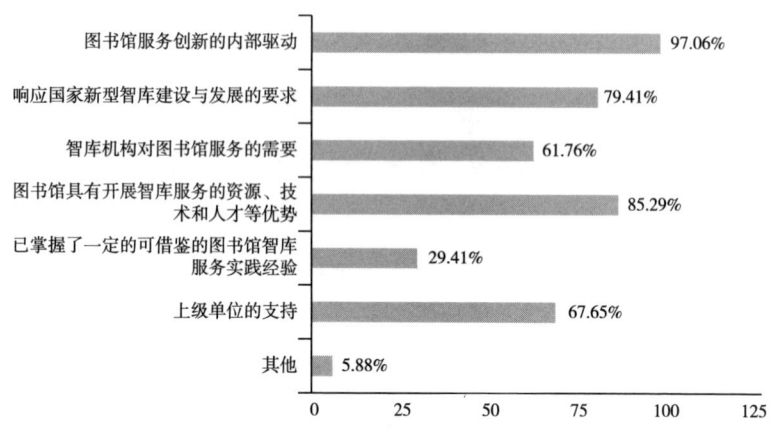

图 5-4　学术图书馆开展智库服务的影响因素

（2）学术图书馆对开展智库服务的意义认同

问卷从学术图书馆自身发展、智库机构发展和图情学科发展三个方面探讨了学术图书馆开展智库服务的意义。调查发现，受调查者完全认同丰富图书馆工作内涵是学术图书馆开展智库服务的重要意义（100%），普遍认同开展智库服务将会拓展图书馆功能外沿（94.12%），提升图书馆的社会地位和影响力（94.12%），促进图书馆战略转型（91.18%）；比较认同学术图书馆开展智库服务将有利于提高智库的信息成果质量（88.23%），使智库获得更具专业价值的服务（88.24%），形成图书馆学新的生长点（85.3%），促进图书馆学科与其他学科的融合发展（79.41%）；相比之下，对于学术图书馆开展智库服务有利于提升智库机构的影响力的认同程度较低（58.82%）（见图5-5）。

第五章 我国学术图书馆智库服务态度研究

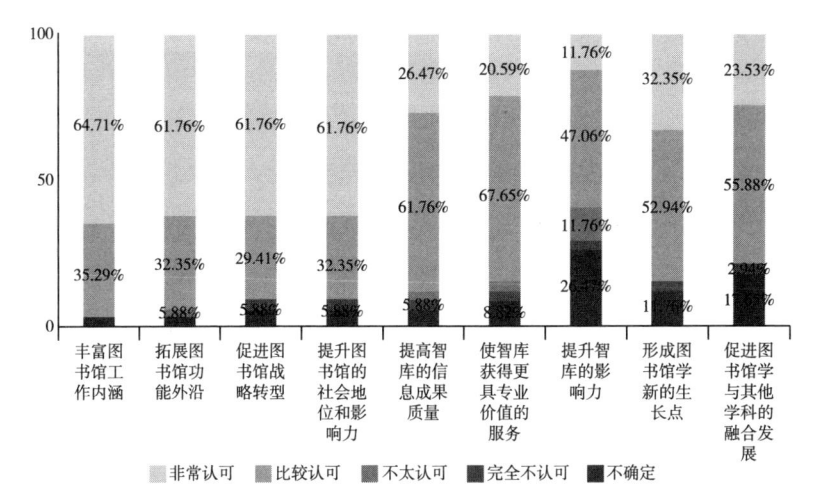

图 5-5 学术图书馆对开展智库服务的意义认同

(3) 学术图书馆未开展智库服务的影响因素

未打算开展智库服务的学术图书馆总量占据了全部调查样本数量的38.18%，可见超过1/3的学术图书馆的智库服务工作有待开发。而未打算开展智库服务的图书馆其具体原因有：缺乏可参照的实践经验，在未开展智库服务的图书馆中占比90.5%；缺乏资源、技术、人才占66.7%；除此之外，未打算开展智库服务的图书馆中有多数受访者认为"智库对图书馆没有服务需求"（61.82%），这也间接证明了目前我国学术图书馆与智库机构之间的联系程度较低；经费因素、政策因素等问题均不构成阻碍学术图书馆智库服务的主要因素；另外，还有个别受访者填写了由于"智库意识不强"导致了图书馆难以开展智库服务（图5-6）。

```
70                                                         61.82%
60
50
40              34.55%
30      23.64%         25.45%
20
10  7.27%                   5.45%  1.82%
 0
    ■ 缺乏政策支持    ■ 智库对图书馆没有服务需求    ■（空）
    ■ 缺乏可参照的实践经验    ■ 缺乏资源、技术、人才
    ■ 经费不足    ■ 其他
```

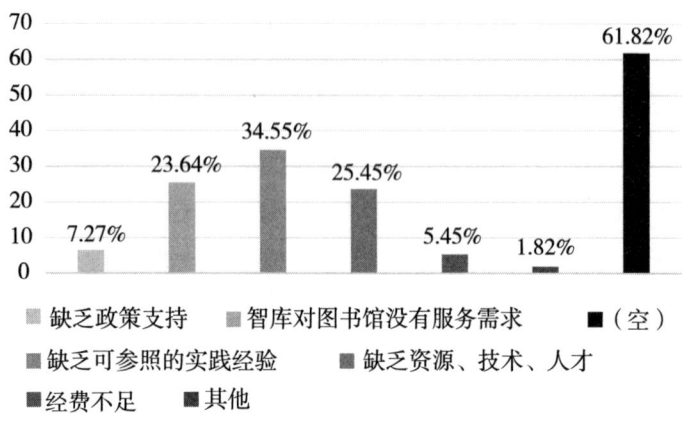

图5-6 学术图书馆未开展智库服务的影响因素

5.2.3 学术图书馆智库服务模式

本部分调查旨在了解"已开展"或"打算开展"智库服务的34家学术图书馆在服务类型、智库服务实践、可行性服务方式和向智库机构转型等方面的具体情况。

（1）学术图书馆智库服务总体类型

调查显示，在34所开展了智库服务的学术图书馆中，绝大部分学术图书馆的智库服务类型集中在"为智库机构提供专业的图情服务"（85.29%）和"接受委托（或自主）生产智库信息成果"（88.24%）两大方面；而只有较少部分的学术图书馆的智库服务类型是"向智库机构转型"（11.76%），但"已向智库机构转型"的学术图书馆全部已经开展了"为智库机构提供专业的图情服务"和"接受委托（或自主）生产智库信息成果"的服务（图5-7）。

第五章 我国学术图书馆智库服务态度研究

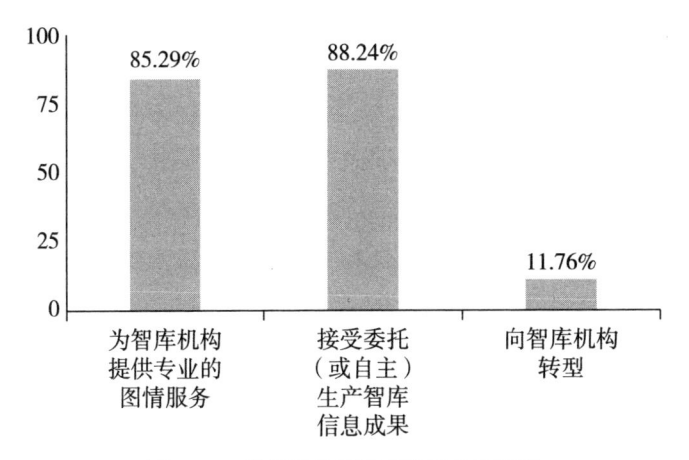

图5-7 学术图书馆智库服务总体类型

（2）学术图书馆已开展的智库服务实践

调查显示，已开展智库服务的学术图书馆其智库服务实践的最主要方式是科研项目跟踪（94.12%）、定题服务（85.29%）、行业（或学科）发展战略报告（79.41%）、科研（或学科）态势监测（76.47%）；相对常见的智库服务实践方式有科研热点分析（70.59%）、科研项目跟踪（61.76%）、机构影响力评估（55.88%）；其他智库服务实践（17.65%）包括：参与智库课题、参与政府部门决策、开展与智库相关的培训、开设"信息空间"等（图5-8）。

（3）学术图书馆智库服务可行性方式探索

调查显示，全部受调查者认为利用工具书、数据库等面向智库的文献查询服务（100%）和构建智库信息资源数据库是学术图书馆开展智库服务的最主要方式（94.12%）；学术图书馆根据智库需求引进信息资源（85.29%）是重要的学术图书馆智库服务方式；智库成果的开放存取及数字出版（76.47%）、智

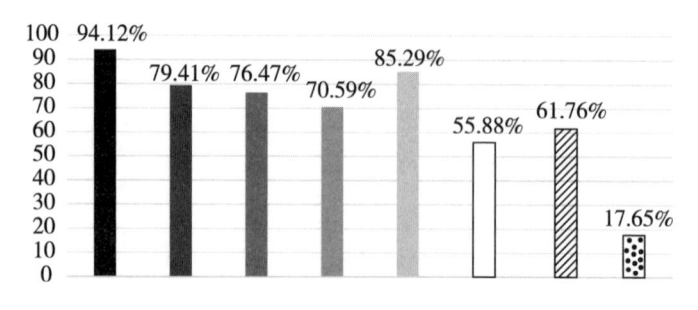

```
100  94.12%
 90       79.41% 76.47%          85.29%
 80              70.59%
 70
 60                      55.88% 61.76%
 50
 40
 30
 20                                    17.65%
 10
  0
```

■ 科技查新服务　　　■ 行业（或学科）发展战略报告
■ 科研（或学科）态势监测　■ 科研热点分析　■ 定题服务
□ 机构影响力评估　　▨ 科研项目跟踪　▨ 其他

图 5-8　学术图书馆已开展的智库服务实践

库科研数据管理（73.53%）与智库共建信息平台（70.59%）可能会成为今后学术图书馆智库服务的主流方式；而受调查者对开展智库成员信息素养培训（67.65%）、在馆内打造智库专属空间（50.00%）、举办智库相关的论坛与会议（47.06%）的认可度相对不高（图5-9）。

（4）学术图书馆向智库机构转型情况

调查显示，超过一半已开展智库服务的学术图书馆认为本机构具有向智库机构转型的可能性（58.82%），而少部分学术图书馆对向智库机构转型持保守态度（38.24%），有极少部分学术图书馆认为本机构向智库机构转型的希望较小（2.94%）（见图5-10）。

第五章 我国学术图书馆智库服务态度研究

服务方式	百分比
利用工具书、数据库等面向智库的文献查询服务	100%
与智库共建信息平台	70.59%
根据智库需求引进信息资源	85.29%
在馆内打造智库专属空间	50.00%
构建智库信息资源数据库	94.12%
智库科研数据管理	73.53%
智库成果的开放存取及数字出版	76.47%
举办智库相关的论坛与会议	47.06%
开展智库成员信息素养培训	67.65%
其他	2.94%

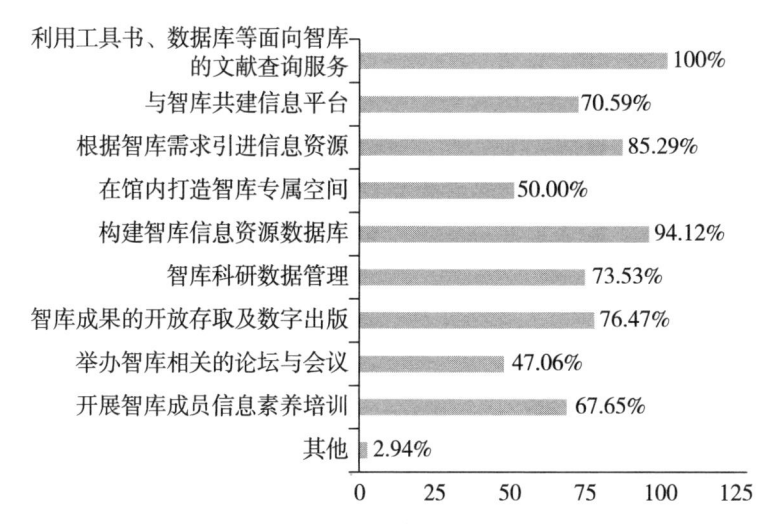

图 5-9 学术图书馆智库服务可行性方式探索

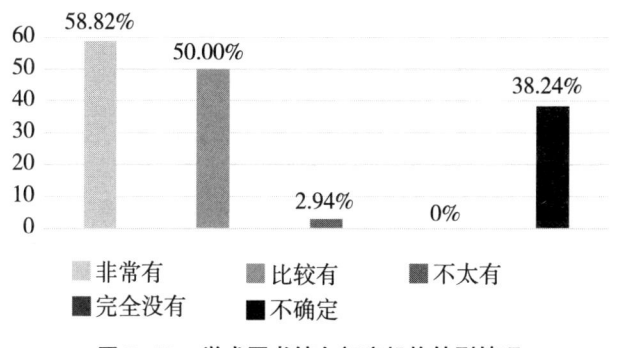

- 非常有：58.82%
- 比较有：50.00%
- 不太有：2.94%
- 完全没有：0%
- 不确定：38.24%

图 5-10 学术图书馆向智库机构转型情况

在被问及学术图书馆向智库机构转型需要具备的条件时，绝大多数的受调查者认为"上级领导部门的政策支持"（97.06%）是这项工作的决定性因素；而"本馆管理层的主观意愿"（94.12%）及"具有独立开展学术研究能力的人才"

（94.12%）对这项工作也具有较强的影响；畅通的信息成果报送渠道（88.24%）和与智库机构相近的组织形态及管理模式（76.4%）对学术图书馆向智库机构转型具有一定的影响；有受调查者认为资金（2.98%）也是这项工作的制约要素之一。另外，还有极个别受访者（2.9%）提出学术图书馆不应该向智库机构转型（见图5-11）。

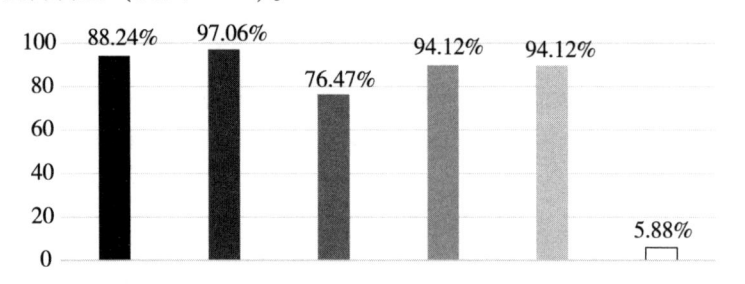

图 5-11 学术图书馆向智库机构转型条件

5.2.4 学术图书馆智库服务组织

（1）学术图书馆智库服务内部组织情况

对于学术图书馆智库服务的内部组织情况的调查，本研究主要设问集中在对于学术图书馆智库馆员设置以及开展智库服务的具体部门设置两个方面。

在对设置专职的"智库馆员"相关问题的调查中，超过半

第五章 我国学术图书馆智库服务态度研究

数的受调查者认为,学术图书馆开展智库服务有必要设置专职的智库馆员(58.82%);而有 1/3 以上的受调查者对是否应该设置专职的智库馆员持不确定的态度(32.35%);仅有极少数人认为学术图书馆没有必要设置专职的智库馆员(8.82%)。可见,已开展智库服务的学术图书馆的管理者,对于设置专职的智库馆员的态度较为积极、开放(见图 5-12)。

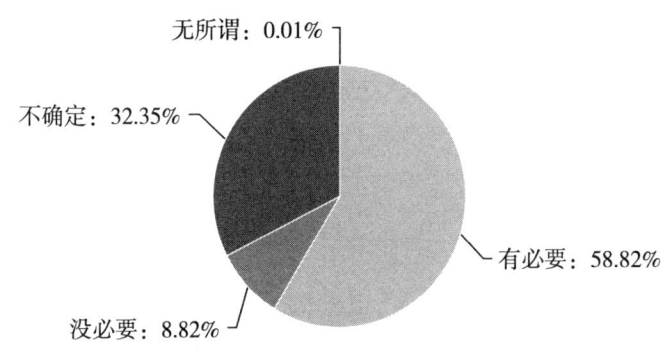

图 5-12 学术图书馆智库馆员必要性分析

在对智库馆员服务有效性影响因素的调查中,按照受调查者认为的服务重要程度,本研究将影响学术图书馆智库馆员服务效果的因素划分为非常重要、比较重要、一般重要、不太重要、不重要五类。

分析结果显示:超过 50%的受调查者认为是"非常重要的"要素包括,信息分析能力(76%)、主动提供服务的意识(68%)、对智库行业相关知识的储备(53%)、信息成果宣传能力(53%);可见,学术图书馆开展智库服务,最为重视智库馆员的信息分析能力、服务意识、对智库行业的熟悉度以及对于信息成果的推广能力。认为"比较重要"的比例介于 50%~

70%的要素有：团队协作能力（68%）、快速学习能力（65%）、沟通技巧（62%）、项目管理能力（62%）、创新思维（56%）、图书情报专业知识（53%）；但项目管理能力和图书情报知识被认为是"一般重要"的比例相对较高。在"一般重要"中，被选择比例最高的是图书馆从业经验（50%），但也有一定数量的调查者认为该要素比较重要（41%）；可见，在图书馆馆员从事专职的智库服务是否应该具有图书馆从业经验的问题上，业界存在着较明显的争议（图5-13）。

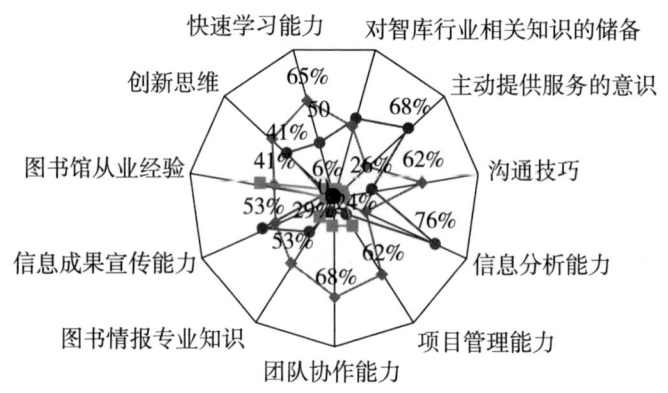

图5-13 学术图书馆智库馆员能力要素

调查显示，有一半的学术图书馆认为开展智库服务应由馆内各部门完成（50.00%）；而选择在图书馆内部开设独立部门（17.65%）图书馆与馆外机构合作开展（如与高校智库等合作）（14.71%）两个选项的人数较少；另有部分受调查者在"其他"选项（17.65%）中发表了自己的观点，包括"与个人合作""与政府部门合作"以及"不确定"。可见，目前我国学

第五章　我国学术图书馆智库服务态度研究

术图书馆的智库服务开展主要依赖馆内各部门的通力协作，而围绕智库服务开设独立部门的情况较少且意愿度较低（见图5-14）。

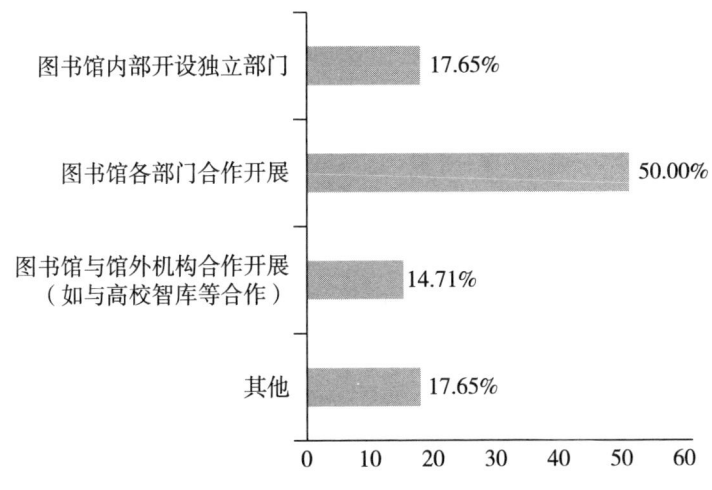

图5-14　学术图书馆智库服务内部组织情况

- 图书馆内部开设独立部门：17.65%
- 图书馆各部门合作开展：50.00%
- 图书馆与馆外机构合作开展（如与高校智库等合作）：14.71%
- 其他：17.65%

（2）学术图书馆智库服务外部合作情况

根据调查，全部学术图书馆选择在开展智库服务时与其他外部组织进行合作，其中，合作意愿度最高的分别是与其他教学、科研院所合作（76.47%）以及与智库机构合作（73.53%）；次之的是与其他图书馆合作（58.82%）以及公司/技术单位合作（50.00%）；而与学协会合作（44.12%）、与基金会合作（35.29%）、与相关个人个人合作（26.47%）等方面的合作意愿度较低；另有部分受调查者在"其他"选项中填写了"不确定"等内容，对是否开展合作工作态度模糊（见图5-15）。

119

```
  90
  80                      73.53%  76.47%
  70              58.82%
  60
  50      44.12%                    50.00%
  40  35.29%
  30                                      26.47%
  20                                            11.76%
  10
   0  0%
```

□ 不会　　■ 会，与基金会合作　　■ 会，与学协会合作
■ 会，与其他图书馆合作　　■ 会，与智库机构合作
■ 会，与其他教学、科研院所合作　　▩ 其他
□ 会，与技术公司/单位合作　　▨ 会，与相关个人合作

图 5-15　学术图书馆智库服务外部合作

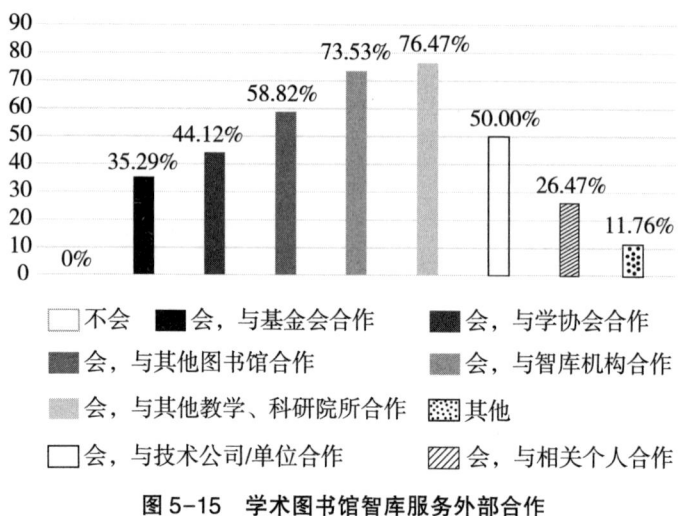

5.2.5　学术图书馆智库服务能力建设

对于学术图书馆智库服务能力建设的调查，本研究主要探寻两个方面：第一，对于学术图书馆开展智库服务的能力要素情况；第二，是否应将学术图书馆智库服务能力纳入图书馆评估体系。

（1）学术图书馆智库服务能力要素

按照学术图书馆管理者认为的影响程度，本研究将学术图书馆开展智库服务可能具备的能力要素对智库服务质量的影响划分为影响巨大、影响较大、一般、影响较小、无影响五个层次。

各个能力要素中，有超过半数的受调查者认为"影响巨大"的能力要素是：学术图书馆的学术研究能力（65%）；被认为"影响较大"且比例超过一半的能力要素是：图书馆与智库机构间的互动与合作（65%）、图书馆开展的与智库机构相关的学术活动（50%）、图书馆各部门之间的协调能力（50%）；

第五章 我国学术图书馆智库服务态度研究

其他被认定为对图书馆智库服务质量产生一定影响的能力要素有：图书馆对决策咨询用户的了解程度、图书馆的信息资源、图书馆对信息成果的传播能力、图书馆掌握的信息分析技术等（见图5-16）。

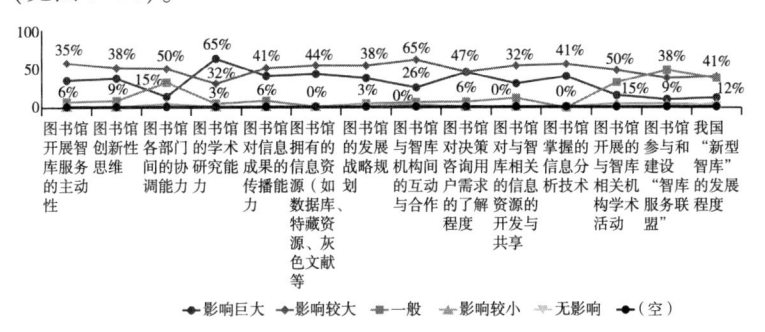

图5-16 学术图书馆智库馆员服务能力要素

另外，本研究还对"学术图书馆是否应该承担起提升智库成员信息素养的责任"进行了调查。有大多数的受调查者认为学术图书馆应该承担起提升智库成员信息素养的责任（79.41%），而其余的受调查者对该问题持"不确定"的态度（见图5-17）。

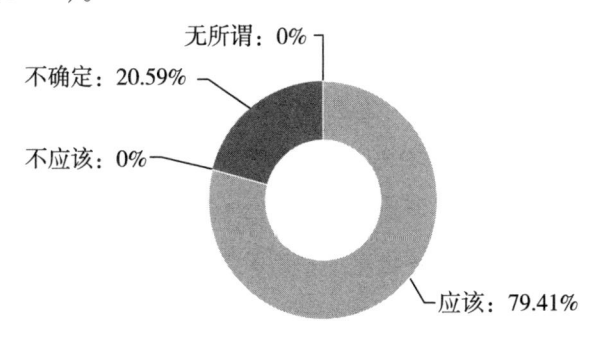

图5-17 学术图书馆对智库成员信息素养的影响

（2）对将学术图书馆智库服务能力纳入图书馆评估体系的态度

根据调查，大多数受调查者认为应该将"学术图书馆智库服务能力"纳入图书馆评估体系（70.59%）；大约1/5的受调查者认为确定将该能力纳入图书馆评估体系（23.53%）；另有极少部分受调查者对此问题持"不应该"（2.94%）和"无所谓"（2.94%）的态度（见图5-18）。

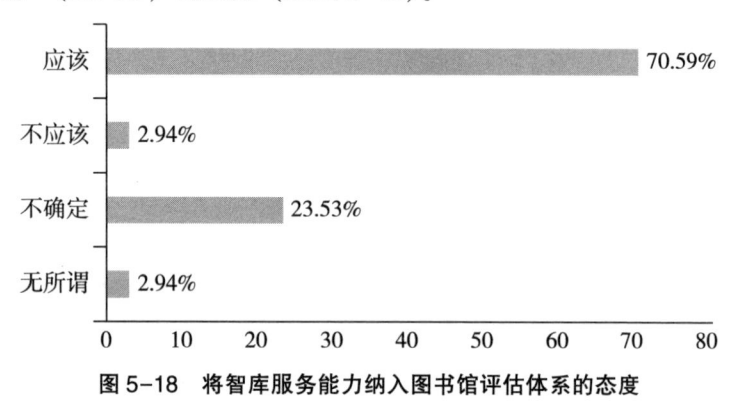

图5-18 将智库服务能力纳入图书馆评估体系的态度

5.2.6 学术图书馆智库服务需解决的问题及建议

在本问卷的最后部分，笔者对学术图书馆开展智库服务须解决的问题以及管理者可提供的建议展开了设问。

（1）学术图书馆开展智库服务需要落实的工作

调查显示，学术图书馆管理者认为在开展智库服务时本馆须解决的具体问题按照紧要程度分别是：第一，将智库服务纳入图书馆发展战略（94.12%）；第二，设计符合智库服务的制度保障与组织架构（88.24%）；第三，根据智库服务需求进行

第五章 我国学术图书馆智库服务态度研究

信息资源建设（85.29%）；第四，建立高水平的人才队伍（82.35%）；第五，获得上级领导部门的政策支持（76.47%）；第六，确定具体的服务类型（70.59%）；第七，学习智库相关知识（67.65%）；最后，有部分管理者认为，目前学术图书馆开展智库服务的条件之一是需要形成具有较高影响力的信息成果（见图5-19）。

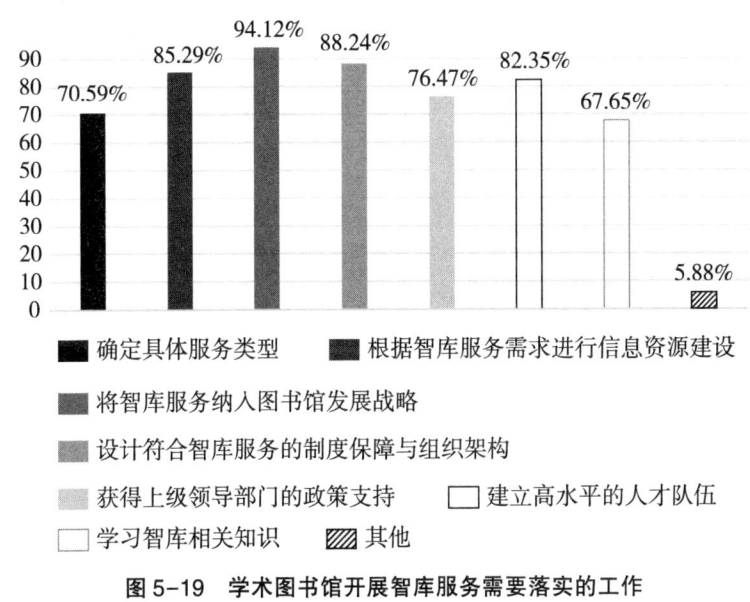

图5-19 学术图书馆开展智库服务需要落实的工作

（2）对学术图书馆开展智库服务的建议

根据调查，有部分学术图书馆管理者为开展智库服务提供了建议，其中包括学术图书馆须尽可能地获得外部资源，如有力的行政支持，充分打通信息成果的报送渠道；学术图书馆要重视对智库机构真实需求的把握，并推出切实可行的工作方案；另外有管理者认为，目前具备条件的学术图书馆可以考虑开展智库服务，暂时没条件或条件不成熟的，不必一窝蜂"赶潮流"开展该服务，更要避免开展"走形式"和"缺乏实质性内容"的智库服务。

5.3 研究结论

通过本次调查，笔者对学术图书馆开展智库服务的认知与态度有了较为深入的了解，为我国学术图书馆开展智库服务提供了一定的数据参考。综合上述分析，现将本次调查的结论归纳如下。

（1）我国学术图书馆对开展智库服务持肯定与积极的态度，但智库服务的普及程度还有一定的上升空间。

调查显示，有60%以上的学术图书馆管理者自我认定对智库服务"比较了解"，在"学术图书馆是否应开展服务"的问题上，有70%以上的管理者持肯定和积极的态度，从实践层面上来看，60%以上的学术图书馆"已开展"或"打算开展"智库服务。因此，总体来看，我国学术图书馆对开展智库服务持肯定、积极的态度。但是，目前仍有超过30%的重点学术图书馆"未打算"开展智库服务，并且缺乏开展智库服务的可参照实践经验是大部分学术图书馆没有开展智库服务最主要影响因素。因此，我国学术图书馆智库服务的普及程度还有很大的发展空间，同时整个学术图书馆界须尽快出现优质的可供参考的智库服务经验，以推动这项工作的普及。

（2）学术图书馆开展智库服务的影响因素包括内部因素和

第五章 我国学术图书馆智库服务态度研究

外部因素两大类,而内部因素为主要因素。

调查显示,影响学术图书馆智库服务的内部因素中,"图书馆服务创新的内部驱动"与"图书馆资源、技术、人才等优势"是学术图书馆开展智库服务最主要的因素。学术图书馆需要通过开展智库服务实现服务创新与可持续发展,另外,目前学术图书馆界已经认识到了图书馆开展智库服务的天然优势,并对基于本地优势开发新型服务持积极的态度。而从反方面来看,缺乏现实经验、缺乏智库机构的需求,也反映出我国学术图书馆智库服务发展程度较低,学术图书馆与智库机构的互动合作基础较薄弱;未来,我国学术图书馆需要加强对突出单位优质实践经验的宣传,并主动与智库机构产生联系,加强与智库行业的需求的有效对接。

(3) 目前的学术图书馆智库服务主要是基于对文献信息资源管理的服务,而学术图书馆独立生产信息产品的程度较低。

虽然在对"智库服务类型"的选择上,已开展智库服务的学术图书馆中有超过80%的学术图书馆认为本馆的智库服务类型是"智库型服务",但现实情况中,学术图书馆独立生产信息成果(开展智库型服务)的程度较低,大部分学术图书馆的智库服务是基于文献信息资源管理的服务,如科技查新、学科态势监测、科研热点服务、定题服务等。以上情况也间接说明学术图书馆对于"智库型服务"的认识较为混乱,并未明确其与"图书馆基础服务"的区别。

(4) 学术图书馆倾向于以各部门协作的方式开展智库服务,并乐于同多方面合作开展智库服务。

通过调查，在学术图书馆的内部组织中，超过一半的图书馆认为应该以馆内各部门合作的方式开展智库服务；在学术图书馆开展智库服务的外部组织中，100%的学术图书馆有意愿与外部机构展开合作，其中按照图书馆合作意愿度最高的机构是"教学、科研院所"和"智库机构"。

（5）对于学术图书馆向智库机构转型保持积极态度，内部驱动和外部支持需兼具。

虽然我国学术图书馆整体上向智库机构转型的程度不高，但是本次调查发现大部分学术图书馆对"向智库机构转型"持积极的态度，有1/10左右的学术图书馆认为自身"非常有"可能成为真正意义上的智库机构。而成为智库机构的关键因素有二：一是获得上级部门的政策支持；二是需要具备足够的转型意识。

（6）学术图书馆要重视对开展智库服务的条件进行科学评测。

调查显示，尽管学术图书馆对开展智库服务持肯定、积极的态度，并且部分学术图书馆有意愿向智库机构转型，但是仍有参与调查者对学术图书馆智库服务持质疑的态度，其最担忧的问题在于学术图书馆是否有足够的条件开展智库服务。因此，我国学术图书馆在开展智库服务之前，有必要对内部条件、外部环境、主观意愿、客观条件等因素进行评测，在开展智库服务过程中，加强对服务质量的控制，避免出现"盲目跟风"等问题。

第五章　我国学术图书馆智库服务态度研究

本章小结

第五章是本研究的实证调查部分，其价值在于通过问卷调查，获取目前国内重点学术图书馆的管理人员对学术图书馆开展智库服务的态度。本章研究显示，目前我国学术图书馆开展智库服务的意愿度较高，但实际发展水平还有较大的上升空间。我国学术图书馆开展智库服务的主导因素是内在因素，学术图书馆独立生产信息产品的能力有待提高。在开展智库服务前，学术图书馆有必要对本机构进行较为客观的评测，切勿盲目跟风地开展此项工作。

第六章 学术图书馆智库服务开展路径

本研究的前几部分通过文献回顾、实践调查、实证研究等方式从学术研究、实务环境、态度意愿等多个方面对国内外学术图书馆智库服务的研究现状、发展情况以及未来可能的发展方向进行了探索，同时，也提出了目前我国学术图书馆智库服务存在的问题，进而总结出学术图书馆开展智库服务的潜在路径：第一，选取切适的智库服务模式；第二，积极设置智库馆员；第三，全面构建智库服务能力。本研究认为，智库服务能力是学术图书馆未来发展的必备能力，尽管部分学术图书馆还不具备开展智库服务的条件和意愿，但本部分内容中所涉及的发展理念、实操经验等将对更多的学术图书馆起到启示作用。

6.1 对服务模式的选取

6.1.1 学术图书馆智库服务的特征

通过研究发现，目前的学术图书馆智库服务虽然与图书馆界一直开展的信息咨询、文献索引、科技查新、定题查询、学科分析等传统服务有较强的关联性，甚至在服务方法上也有相似之处，但是智库服务在服务目的、服务对象和服务内容上与传统的图书馆服务有较明显的区别：

首先，智库服务的目的是参与规划、管理和支持决策，对机构发展、学科建设等问题提供意见和产生影响；传统服务的目的主要是提供信息参考和知识服务，多数情况是围绕文献信息资源"做文章"。

其次，智库服务的对象主要面向具有管理职能的机构和个人，其决策影响力较强；传统服务主要针对研究人员或科研团队，其决策影响力有限。

最后，智库服务在服务内容上更趋向基于数据和文献的内容进行的宏观性分析，侧重于通过监测、对比等手段提供总体评价和趋势预判；传统服务更侧重于对某一具体的学科或研究给予相关的文献参考、信息支撑和数据分析等。

6.1.2 学术图书馆智库服务模式甄别

通过调查可以发现，目前大部分学术图书馆提供了较为全面的图书馆基础服务；而部分图书馆则提供了"智库型服务"，智库型服务主要是指学术图书馆根据某一特定需求，围绕某些议题，生产出具有决策咨询功能的信息产品，但这些信息产品在影响决策方面的效力有限；目前，仅有极少部分的学术图书馆基于其独立生产信息成果的能力，拥有较为通畅的报送渠道，进而形成一定的决策咨询影响力，这类学术图书馆应当属于智库机构。

综上所述，本研究认为"学术图书馆智库服务"具有较为丰富的含义，学术图书馆在开展智库服务时，需要充分考虑到可能存在的模式，并根据自身实际情况进行发展定位。根据目前国内外的知名实践来看，学术图书馆智库服务至少可被分析出三个层面的内涵，即三种服务模式：

第一，面向智库机构开展的基础性图书馆服务，即图书馆根据相关机构的需求向其提供专业的图情服务，服务对象是单个或多个智库机构。从我国学术图书馆发展情况来看，目前绝大部分学术图书馆已经具备了此项功能。

第二，智库型服务，即学术图书馆围绕某研究议题，自主生产信息成果，其服务对象可能是智库或其他机构和个人。从本研究的调查结果来看，目前一半以上的学术图书馆具有此项功能（或发展此项功能的意愿）。

第三，向智库机构转型，成为真正意义上的智库，此类学术图书馆需要具有分析、产出、传播等较为完善的信息管理功能链条和适当的动因与机遇。这类图书馆得以成为智库机构的关键因素有二：一是具有较强影响力的"智库专家"；二是拥有较为通畅的报送渠道。

6.2 对智库馆员的设置

如前所述，本研究重点探讨的是在学术图书馆中开展智库服务的专职图书馆员的相关问题。因此，根据学术图书馆的业务构成，作为智库馆员的其核心职能应涵盖以下三个方面：第一，图书馆基础业务职能；第二，作为信息服务机构，图书馆

第六章 学术图书馆智库服务开展路径

针对智库而形成的具体职能；第三，作为研究机构，图书馆提供的"智库型"服务的职能。

以上三个方面的业务难度是逐级递增的，故对馆员的要求也是逐步提高的：图书馆基础业务是作为图书馆员应具备的最基本职能；而专门针对智库的服务职能则需要馆员具备与智库相关的知识与技能，如管理智库所需特藏资源的能力，与智库进行沟通与建立合作关系的能力，掌握智库决策分析工具的能力等；当图书馆开始提供智库型的服务，或已经成为某种意义上的"智库"，那么智库馆员的职能也将随之丰满，此时的智库馆员则需要具备与开展决策咨询工作相匹配的科研能力，这类智库馆员不仅有能力向智库提供服务，更要向外界输送"智库产品"即信息成果，甚至资深的智库馆员有望成为具有影响力的"智库专家"。

6.2.1 条件与需求

学术图书馆的本质是一种学术性机构。从目前国内外学术图书馆界较为知名的实践来看，学术图书馆服务经历着基础性服务、学科服务、知识服务、决策咨询（智库型）服务的过渡。部分学术图书馆已经具备了开展智库馆员服务的条件，其主要优势突出体现在人力资源和信息资源两方面：学术图书馆往往汇聚了多学科人才，使其有能力针对不同领域、不同智库开展专业化服务；成熟的管理经验如学科馆员制度等则为智库馆员服务在学术图书馆的开展及制度的落实提供了参考。学术图书馆的信息资源优势主要体现在信息资源内容、技术和平台等多个方面。众多世界顶级智库开展决策咨询工作的先决条件就是对历史档案、灰色文献等资源的掌握，而这些资源大部分藏于学术图书馆。另外，智库作为一种政策研究机构其规模大小不一，单纯以智库名义购置的数字资源数量有限，因此数字化加工与管理手段、数据库资源等也是高校图书馆服务智库的一处亮点。

学术图书馆开展"智库馆员服务"的需求可分为外部与内部两方面。智库机构的核心价值在于影响决策与政策制定，所以智库往往较为重视其研究与分析能力，期望产生优质的信息成果。因此，"外部需求"主要指智库需要借助图书馆的帮助完成其决策咨询工作。近年来，由于面临信息获取途径多样化、阅读方式移动化带来的冲击，图书馆行业内部也存在拓展服务职能、升级服务价值、创新驱动发展的需求。在国内，这种需求具体表现在图书馆界积极参与新型智库的建设与发展，探索创新性的服务，而部分图书馆也存在向智库机构转型的意愿。

6.2.2 智库馆员能力要素分析

智库馆员服务能力主要是指智库馆员基于自身智能和图书馆信息资源，为用户提供决策咨询的能力[1]。通过前文的研究，世界知名学术图书馆智库馆员的服务能力包含了图书馆基础业务能力、智库服务能力、科研能力三大要素，这三个要素既是相互区别又是紧密关联的。图书馆基础业务能力是智库馆员必

---

[1] 胡燕. 智库馆员素养能力发展路径研究 [J]. 图书馆工作与研究, 2018 (12): 45-49.

须具备的最基本素养，是图书馆员区别于其他行业从业者的标志；智库服务能力是智库馆员区别于其他类型图书馆员的具有针对性的特殊能力；而科研能力则是智库馆员在实现对智库开展有效服务的前提下，可以得到发挥和拓展，并值得预期的能力。作为智库馆员，其能力可以同时涵盖以上三种要素，或至少包含前两种（图6-1）。

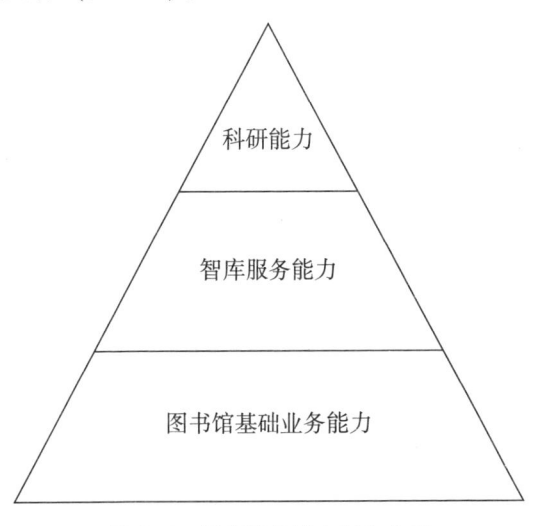

图6-1 智库馆员能力层次分析

6.2.3 智库馆员发展路径

智库馆员服务起始于智库与图书馆的双重需求，优化于与时俱进的管理理念，同时也应落实于切合实际的具体行动。本研究通过对世界知名学术图书馆智库馆员服务的调查与分析，为我国学术图书设置智库馆员的工作提出了以下建议：第一，开展智库馆员服务首先要积极优化顶层设计，找到有效的智库馆员设置方法、管理模式、评价机制；第二，着力加强对智库馆员服务的推广，充分提升其普及程度；第三，重视打造智库馆员的综合能力，全面提高智库馆员的职业素养，即"夯实基础，强化特长，拓展潜能"。

（1）优化顶层设计

在设置馆员之前，学术图书馆需要明确两个方向性的问题：第一，服务对象；第二，服务定位。毋庸置疑，学术图书馆智库馆员的服务对象通常是多个智库机构，而服务定位则根据不同图书馆的发展策略而不同。目前，国内学术图书馆中，部分图书馆仅对智库提供辅助性的服务，而部分图书馆则提供了"智库型"的服务，甚至一些图书馆在积极争取向智库机构转型。例如，北京大学图书馆开展了两类智库型服务：一是围绕学科的专题决策支持，即围绕学科进行教育和研究，为学科管理提供决策咨询；二是通过收集分析科研报道、评估报告等为管理层面的科研战略提供反馈和评价。浙江大学图书馆则将自身定位为"智库的智库"，将"开展以支持决策为目标的研究"作为其发展战略，主动为决策与政策制定者提供决策依据。学术图书馆无论是将自身定位为单纯的智库服务者，还是以"智库"自居，设置与之发展相匹配的智库馆员都是非常必要的。单纯的智库服务对智库馆员的要求应重于图书馆基础业务能力及智库服务能力，而有意于开展智库型服务或向智库转型的图书馆则应更加看重智库馆员在某一领域的科研能力，即信息成果产出能力。

对学术图书馆智库馆员的具体设置方法可以是灵活多样的，

例如：结合本馆和本校智库的实际情况，在图书馆内进行智库馆员的培养，从馆内现有的人才队伍中选拔有能力服务智库的人才，选拔重点在于馆员对智库文化的了解，与智库的积极有效沟通的能力，科研能力等；通过社会招聘引进的智库馆员的潜在对象是来自全社会的具有图情专业基础能力、有志于服务智库的人才，此处须注意的是，图书馆专业能力作为智库馆员的基础能力不容忽视，因此，在人员的履历中应重点考虑具有图情专业从业经验或教育背景的人才。另外，邀请智库机构的研究人员来馆进行兼职也是一种可以参考的方法。

智库馆员的服务模式可包括：以部门或服务小组的方式，由多个馆员构建团队，共同承担服务智库的责任；或是由单个馆员对某一特定智库进行对接，实施"智库专员负责制"；或以跟定智库科研项目的形式，使擅长不同领域的馆员依据其特长进行阶段性的轮职。在智库馆员服务评价方面须注意，除了图书馆基础业务能力考查标准可参考本馆原有标准，对智库馆员的服务能力考查要同时兼顾图书馆与智库的双向意见；部分具有科研能力，有望成为"智库专家"的优秀馆员，也可考虑将其以所在单位名义发表的信息成果产出与业务考核、资助与奖金、职称评定等挂钩。

（2）加强对"智库馆员"的普及

落实和普及"智库馆员"制度是建立学术图书馆与智库之间有效联系的必然之举。哈佛大学图书馆利用多种方式对智库馆员的服务进行了推广，例如，肯尼迪学院及大卫中心都在其网站开辟了智库馆员主页，向用户明确展示馆员的职责和特长；

为智库馆员设置专门的服务空间,发布智库馆员的具体联系方式,设置"馆员时间"鼓励用户预约咨询;搭建"智库搜索(think tank search)"线上平台,由资深的智库馆员负责管理;智库馆员还承担了一些学术培训工作,以课程或讲座的形式帮助用户解决科研工作中遇到的问题,掌握使用馆藏及学术工具的方法。综上所述,学术图书馆对智库馆员服务的普及工作须重视"线上"与"线下"双管齐下,积极搭建线上平台,打通馆员与用户之间的沟通渠道,适时运用社会化媒体传播智库馆员开展服务的相关信息;同时,注意为智库馆员设置规律的服务时间与空间,方便用户到馆咨询。打造和参与各项交流活动也将有助于智库馆员服务的普及,在馆内可增设由智库馆员负责的培训课程;在馆外,则应鼓励智库馆员积极参加智库机构举办的学术论坛、研讨会、午餐会等各项有助于增进图书馆与智库关系的交流活动。

普及智库馆员服务还要注意提高该服务的主动性。目前国内一些学术图书馆对智库的服务通常是以"委托—接受"的形式开展的,这种服务方式的明显短板就是缺乏主动意识。由于主动服务意识不强,往往导致外界对图书馆服务能力的低估,而主动性的问题恰恰可以从开展智库馆员服务作为突破口。作为图书馆与智库之间的纽带,智库馆员应主动对高校智库的情况进行广泛而深入的调研,充分了解智库需求、工作机制、研究重点和困难,对重要的用户、科研团队等实施持续的跟踪服务。同时,高校图书馆可以根据自身的具体情况,将参与决策咨询工作、提供智库馆员服务规划到其发展战略,主动加入智库的研究工作，积极推荐具有科研能力的智库馆员加入智库研究课题团队，从而促进"馆—库"的协同创新。

(3) 提升智库馆员综合能力

学术图书馆开展智库馆员服务应建立在对智库馆员的属性与特征充分理解的基础上，通过调查发现，智库馆员本质上属于一种复合型的人才，因此，只有全面提升智库馆员的综合能力，才能打造高质量的智库馆员服务。图书馆业务基础能力是成为一名合格的智库馆员的前提，也是智库馆员服务得以开展的基本保障；而智库馆员所具备的"智库服务能力"，则应包括馆员对智库文化的理解、智库事务的熟悉、智库运行机制的掌握、与智库沟通的顺畅等方面的要素；学术图书馆还应重视智库馆员的科研能力，因为具有科研能力的智库馆员有望成长为"智库专家"，这也将成为学术图书馆产出高质量信息成果的重要保障之一。

学术图书馆需对智库馆员图书馆基础业务能力进行有效把握：一方面，在日常工作中，图书馆需积极倡导和督促智库馆员遵循图书馆行业的基本规则、价值观念、操作规范等，通过职前竞聘、职中培训，以及周期性轮岗等方式夯实智库馆员的图书馆业务基础技能；另一方面，在聘任或者培养智库馆员的过程中，切莫忽视该职位人选的图书馆基础业务能力，可考虑从具有图情专业教育背景或具有图书馆从业经验的候选人中选择人才。

智库服务能力的提升则需要学术图书馆为馆员提供良好的施展空间和学习机会，鼓励智库馆员时常到访高校智库，参加智库活动，培养智库意识，重视与高校智库的有效沟通。鼓励智库馆员学习和掌握与智库行业相关的知识与资讯。引导馆员学习和利用国内外较为完善和具有影响力的智库数字平台，如由南京大学中国智库与评价中心打造的中国首个大型智库垂直搜索引擎"中国智库索引（CTTI）"、哈佛大学肯尼迪学院为服务智库事务而创建的"Think Tank Search（智库搜索）"[1]；在这些平台中汇聚了海量的优质智库资源，如用户可直接检索到大量中国或世界著名智库（和研究中心）的网址、信息成果、社会声誉以及影响力等方面的内容，以上平台中还附有众多智库机构名录、智库热点与新闻等链接。

智库馆员科研能力的提升，除了需要智库馆员的自主学习外，也需要图书馆为其创造机会，如鼓励智库馆员参与学术论坛、进行海内外访学和在职深造等；另外，智库作为辅助决策与政策制定的研究机构，其特征之一就是掌握了先进的分析方法，智库科研能力的构成要素包括对这些方法的有效利用，如被部分全球高端智库所使用的"德尔菲法（Delphi Method）""戈登法（Gordon Method）""系统分析法（System Analysis Method）""鲁邦决策分析法（Robust decision）"等。图书馆可鼓励智库馆员适时地熟识或系统掌握这些优秀的分析方法，为其创造学习和接受培训的机会。另外，图书馆应加强与高校中设置了图情专业的"信息管理系（或学院）"的互动与合作，共同探讨图书馆智库馆员服务的相关问题。

---

[1] 中国智库索引（CTTI）[EB/OL].[2019-04-10]. https://ctti.nju.edu.cn/CTTI/index.do.

6.3 对服务能力的构建

开展智库服务须建立在学术图书馆对自身综合情况准确评估的基础上。学术图书馆可从前文所述的图书馆智库服务类型中选取适当的服务方式,从而规划具体的工作内容和方向。除向智库提供专业的图情服务外,有意实现"智库型服务"和"向智库机构转型"的学术图书馆,可重点参考"事实型智库"的信息管理实践经验,完善自身的信息管理体系,从而生产出高质量的信息成果,全面构建智库服务能力:第一,完善信息吸收模式;第二,提升信息分析素养;第三,加强信息资源开发与广泛共享;第四,拓展智库服务影响力。

6.3.1 完善信息吸收模式

具备科研能力的学术图书馆开展智库服务,首先要面对的问题就是如何选取研究议题。目前,我国大部分学术图书馆在日常工作中承担了一些课题的研究工作,而这些课题通常情况下是以"接受委派"的形式存在的,图书馆则较为缺乏选择议题的主动性,研究议题选取过度依赖既有的"行政关联"。因此,为了突破这一态势,科研能力较强的学术图书馆应勇于跳出"任务型"的选题机制,将视野拓展到本校、本区域、本行业等"约束"之外,并且主动捕捉当前"社会热点"和"突发事件",时刻保持对社会问题的关注和思考,形成以问题为导向的选题机制。

具体操作方法如下：

第一，学术图书馆可考虑建立"议题目录"，广泛征集和吸纳各类研究议题，针对这些备选议题组织工作人员和专家进行定期论证，进而确定可供研究的议题。另外，选题时切勿急功近利，切勿过分看重议题的"大小"或议题总量"多少"，而是要符合本馆的实际操作能力。

第二，学术图书馆在通过调查获取相关的数据时，除了凭借自身的力量，还应积极争取广泛的协作机会，可考虑就某些议题与业内同行、智库机构、社会调查机构、科研院所等单位或个人展开多种形式的合作，以此来拓展信息吸收的广度。

第三，在开展智库服务过程中，学术图书馆需加强对多种调查方法的使用，如仅使用问卷、访谈等调查方法，对议题的研究深度和科学性可能会产生局限，因此，也可关注对"田野调查法"等深度研究方法的使用，以形成更加科学有效的信息吸收方式；另外，在开展调查过程中还应该根据调查对象的差异，施行个性化的调查策略和奖励机制。

第四，目前，多数学术图书馆都搭建了具备多种功能的门户网站，学术图书馆亦可在线开辟"调查窗口"，完善线上调查的功能，以更加开放的态度获取更为广泛的调查数据。最后，在调查工作的实际操作中，学术图书馆要重视对调查过程中各环节、各类人员的评估与督导，从而在信息吸收环节实现"质量控制"。

6.3.2 提升信息分析素养

首先，开展智库服务的学术图书馆需要尽可能地了解、学

第六章　学术图书馆智库服务开展路径

习和掌握先进的信息分析方法，由于智库机构主要的工作就是从事策略性研究，其常用方法大都偏重"预判""趋势性分析"等角度，因此这些方法也具备了一定的"智库特色"，如兰德公司发明的"德尔菲法（Delphi Method）"，美国人威廉.戈登发明的"戈登法（Gordon Method）"等。因此，学术图书馆有必要积极拓展学术视野，对智库机构使用频率较高且有效的信息分析方法进行有计划的系统性学习，创造接受分析方法培训的机会，并将这些方法应用在信息分析工作中。

其次，引入与"大数据"相关的理念和技术。由现代信息与通信技术自动生成的大数据，日益成为政府、企业、科研机构等挖掘价值的对象[①]。因此，学术图书馆可构建专门负责运用大数据手段监督和辅助信息分析工作的团队，以保障信息分析工作的科学性。

再次，树立对信息分析工作的反思意识，定期讨论和总结信息分析中存在或潜在的问题，并适时发布结果。

最后，重视信息分析结果的可视化呈现，除了使用常见的 Excel 表格、图片或运用其他可视化软件以外，还可以依照某些具有代表性的信息分析结果制作"影音资源"，并将这些资源及时发布，从而提升信息分析结果的传播率及被理解程度。另外，有条件的学术图书馆可建设"数据可视化团队"来专职负责信息结果的可视化工作。

综上所述，对生产优质信息产品存在预期的学术图书馆，必然要重视信息分析素养的持续提升，也只有促使"理念"与

---

① 于良芝. 图书馆情报学概论［M］.北京：国家图书馆出版社，2016：73.

"技能"齐头并进，才能形成全面的、高水平的信息分析能力。

6.3.3 强化信息资源开发与共享

学术图书馆掌握了大量信息资源，这也是学术图书馆在开展智库服务的过程中可有效避免"有智无库"现象的优势所在。有意开展智库服务的学术图书馆，其信息资源类型除了包含其作为图情机构的已有资源，如馆内所购买的数据库、围绕某些主题建设的特藏资源、没有公开发表的灰色文献等，还将形成由智库服务而产生信息成果、科研数据等资源。因此，学术图书馆应重视各类信息资源的深度开发与广泛共享。

具体做法可包括：

第一，根据本馆研究议题的研究范围、研究方向、所涉及领域等要素，积极设计和搭建与研究需求相吻合的特藏资源，同时积极提高灰色文献的使用效率。

第二，运用先进的技术手段，对与智库服务相关的信息资源进行全面整合，将这些信息资源进行合理的分类，并实现便捷的检索，及时在门户网站上进行发布。

第三，要加强对科研数据的保存和使用，不但要重视开发本馆因开展智库服务而形成的科研数据，还要努力开展与各高校、科研院所、独立研究者的合作，广泛吸纳科研数据，建设科研数据库。

第四，在开展智库服务的过程中，学术图书馆将会取得一定体量的信息成果，同样要重视对这类资源的二次开发与利用，如搭建信息成果数据库，在图书馆网站进行发布等。另外，还可根据本馆特长，就研究中产生的某些具有特色的资源进行分类、集结与共享，从而形成各类可供全球研究者使用的"库"，如"图表库""影音库""工具库"等。

6.3.4 拓展学术图书馆智库服务影响力

开展智库服务是学术图书馆扩大业务外沿，促进服务创新，参与决策咨询，提升社会地位，实现可持续发展的重要路径。因此，"如何拓展影响力"是学术图书馆开展智库服务时需要重点思考的问题。由于行业间的天然差异，以及社会对图书馆惯有的"刻板印象"等因素的存在，学术图书馆开展智库服务的"知名度"急切地需要被打开：

第一，学术图书馆要积极组织和参与各类与智库工作相关的"线下"活动，如主题论坛、学术讲座、技能培训、圆桌会议等，可从参与线下活动中促进学术图书馆与其他科研单位、智库机构、商政界、媒体界的多方面交流，并且积极向全社会释放学术图书馆开展智库服务的信号，宣传学术图书馆开展智库服务的优势。

第二，努力打造"线上"传播平台，其首要任务就是充实学术图书馆门户网站的功能，在网站上开辟"智库服务功能模块"，将其打造成兼具发布、检索、下载等各种功能的一站式平台。

第三，要重视对时下流行的第三方数字媒介的使用，向全球的注册用户提供信息订制服务，定期推送智库观点、研究成果、活动信息等与学术图书馆智库服务相关的内容。

第四，借助各类"社会化媒体"的传播力，广泛传播学术图书馆智库服务理念、观点、资源等，注册一定数量的社会化媒体账号，并任命专员或团队对其进行定期管理与维护，并使这些账号在网络世界保持较为健康、活跃的状态。

本章小结

第六章是本研究的升华部分，基于前几部分的铺垫，在第六章中笔者从发展理念和实际操作的角度提出了学术图书馆开展智库服务的可行性路径：第一，合理选择服务模式；第二，积极设置智库馆员；第三，由完善信息管理体系着手，全面构建智库服务能力。

第七章 结语

本书写作的根本目的在于以理论与实践相结合的方式，综合利用多种研究方法，获取能够指导我国学术图书馆开展智库服务工作的可行性成果，与其说本书是一份博后出站研究成果，不如说本报告的更深远意义在于能够为学术图书馆发展提供具体可行的实践帮助，从这一角度来看，笔者更看重本书的"指导手册"属性。

7.1 主要研究结论

本研究主要结论有：

（1）开展智库服务是学术图书馆得以长足发展的必然趋势，学术图书馆开展智库服务因为促进图书馆可持续发展而具有存在的正当性。学术图书馆开展智库服务的影响因素有内外部两方面因素，而内部因素主导了此项工作的实施。

（2）对服务模式的认知与选取将会影响学术图书馆智库服务的定位与战略规划，学术图书馆应在充分了解自身情况的基础上，合理规划具体的工作内容和方向。

（3）设置"智库馆员"是学术图书馆开展智库服务的有效

路径之一，智库馆员是学术图书馆与智库机构之间的重要纽带，优质的智库馆员有望成长为"智库专家"，并帮助图书馆产出信息产品，提升影响力。

（4）学术图书馆掌握的信息资源和所具备的信息管理能力，是开展智库服务的优势，这使其既有可能更有效地向智库提供专业的图情服务或开展"智库型"服务，也使其有望成长为一种真正的智库机构。

（5）学术图书馆开展智库服务的真正目的未必是向智库机构转型，而是以图书馆事业为土壤，培育具有图情专业特色的智库服务内容。

7.2 研究不足

尽管笔者希望尽可能全面、系统、深入地阐释学术图书馆智库服务的相关问题，但在研究过程中依然存在一些可以预见和必然产生的不足之处：

（1）在中外文文献收集方面，可能存在一定的遗漏；限于网络技术以及获取开放性的制约，部分文献资源没有被完全收集和利用。

（2）基于笔者专业背景、知识结构、文化底蕴等方面的限制，研究过程中可能存在一些对于本研究起到支持作用的理论没有被笔者及时捕捉和应用。

（3）本研究的选取的具体案例体量有限，开展调查的辐射范围有限，这同时也为笔者日后的研究工作埋下了伏笔。

（4）基于笔者目前的工作身份属于高校科研人员，且履历较为单一，缺乏在图情机构、智库机构的相关从业经验，故难以对部分具体问题进行更加贴近实际的探究，这对本研究的"实务性"也产生了一定程度的影响。

7.3 研究展望

尽管笔者对相关问题进行了长达五年的探索，但依然认为，我国图书馆界对于图书馆智库服务相关问题的研究尚处在起步阶段。笔者主张，未来对于这类问题的研究，应当重视对不同类型图书馆的分类研究，同时，本书的研究框架还可应用于对其他类型的图书馆智库服务的研究中。另外，笔者期待未来的相关研究要更加注重综合利用多种研究方法，拓展综述性研究的时间跨度，对实证性研究要注重扩大研究样本的体量。

参考文献

[1] 初景利，唐果媛.图书馆与智库[J].图书情报工作，2018（1）：46-53.

[2] 新华网[EB/OL].[2019-08-20].http://www.xinhuanet.com/18cpcnc.

[3] 新华社.中共中央关于全面深化改革若干重大问题的决定[J].求是，2013（22）：8-17.

[4] 中共中央 国务院办公厅.关于加强中国特色新型智库建设的意见[J].中华人民共和国国务院公报，2015（4）：4-8.

[5] 国家高端智库建设试点工作启动.中国社会科学网[EB/OL].[2019-08-20].http://www.cssn.cn/zx/yw/201512/t20151203_2739527.shtml.

[6] IFLA. Global Vision Report[EB/OL].[2019-08-20].https://www.ifla.org/globalvision/report.

[7] 梁宵萌.哈佛大学图书馆面向智库的服务策略与启示[J].图书馆论坛，2019（7）：144-152.

[8] 马芳珍，李峰.高校图书馆智库型服务探索实践及思考——以北京大学图书馆为例[J].图书馆杂志，2018（9）：64-69.

[9] 张焕晨，黄晨.研究图书馆的智库职能与实践——以浙江大学图书馆为例［J］.大学图书馆学报，2019（1）：17-21.

[10] 吕长红，陈伟炯，梁伟波，陈祥燕.高校图书馆信息智库构建研究——以上海海事大学图书馆为例［J］.新世纪图书馆，2014（2）：39-42.

[11] 赵珊珊.基于项目制的图书馆参与高校智库建设研究［J］.图书馆，2019（3）：37-40.

[12] 黄长伟，曲永鑫.高校图书馆智库平台建设探究——以哈尔滨商业大学图书馆为例［J］.图书馆学研究，2016（12）：35-37.

[13] 吴育良，潘志良，韩松林.基于智库理念的图书馆信息服务研究——以社科院图书馆为例［J］.情报资料工作.2014（3）：70-73.

[14] 郭登浩.基于智库理念的社科院图书馆决策信息服务研究——以天津社会科学院图书馆为例［J］.图书馆工作与研究，2016（9）：80-83.

[15] 梁宵萌.基于案例分析的美国顶级高校智库图书馆服务研究［J］.图书馆论坛，2018，38（1）：135-141.

[16] 李爱华，蔡宏，蔡越蠡.新信息环境下高校图书馆智库能力建设研究——以吉林特色新型智库为例［J］.图书情报工作，2016，60（22）：34-40.

[17] 张惠梅.图书馆参与新型智库建设的现状、问题与对策［J］.图书馆坛，2017，37（9）：109-115.

[18] 费晶.面向新型智库建设的高校图书馆服务与发展研

究［J］.图书与情报，2017（1）：116-118，73.

［19］万文娟.我国图书馆智库服务的现状、障碍与对策分析［J］.图书馆工作与研究，2018（3）：16-21.

［20］鹿遥，张旭.我国高校图书馆智库职能调查与分析［J］.图书馆，2017（7）：27-32.

［21］高咏先.国内高校智库数据库建设现状及图书馆服务策略研究［J］.图书情报工作，2017，61（10）：43-49.

［22］谭玉，张政，田思阳.美国高校图书馆服务智库建设的探索及启示［J］.图书馆工作与研究，2018（6）：17-21.

［23］胥文彬.国外图书馆智库服务现状与启示［J］.图书馆工作与研究，2019（6）：30-35，54.

［24］黄长伟，铁峰.我国高校图书馆智库服务研究现状与展望［J］.图书馆工作与研究，2019（7）：66-70.

［25］林志华.我国图书馆智库建设服务研究综述［J］.图书馆工作与研究，2017（6）：46-51.

［26］郭卫宁.我国图书情报学领域智库研究综述［J］.新世纪图书馆，2018（12）：82-87，97.

［27］杨琳.图书馆智库研究现状与展望［J］.图书馆工作与研究，2019（6）：41-47.

［28］肖荻昱.基于CiteSpace的图书馆智库服务研究可视化分析［J］.图书馆工作与研究，2018（11）：94-99.

［29］黄晓斌，王尧.我国智库建设的情报保障研究进展［J］.情报理论与实践，2017，40（5）：127-131.

［30］张旭，鹿遥.从中西方图书馆历史沿革看图书馆智库

功能[J].情报资料工作,2019,40(4):105-112.

[31] 张雅男,张纬卿.中西方古代图书馆智库服务研究[J].图书馆工作与研究,2019(3):82-87.

[32] 初景利,赵艳.图书馆从资源能力到服务能力的转型变革[J].图书情报工作,2019,63(1):11-17.

[33] 曾建勋.推进图书馆智库服务[J].数字图书馆论坛,2016(5):1.

[34] 徐路,孙掌印,程煜.可持续发展背景下图书馆的新机遇与智库功能实现研究[J].图书馆,2019(3):31-36.

[35] 赵雪岩,彭焱.高校图书馆参与高校智库建设与服务的优势及路径研究[J].图书情报工作,2016,60(22):28-33.

[36] 陆雪梅.高校图书馆服务新型智库建设的思考[J].图书馆学研究,2016(8):79-82,88.

[37] 刘芳,陈芳,万乔.高校图书馆智库服务工作研究[J].图书馆工作与研究,2018(1):18-22,28.

[38] 张振华.高校图书馆智库职能的理性思考[J].图书馆工作与研究,2017(3):47-50.

[39] 刘雨农,刘敏榕.从咨询到资政——高校图书馆智库的角色转变与服务升级[J].新世纪图书馆,2018(8):30-32,55.

[40] 田燕妮,姚星惠.关于发挥我国高校图书馆智库服务功能的几个问题[J].图书馆,2016(12):93-97.

[41] 刘爱华.智库建设背景下党校图书馆服务转型思考[J].中共福建省委党校学报,2015(12):96-99.

[42] 杨蔚琪.现代智库建设视域下党校图书馆的服务创新研究［J］.现代情报，2014，34（9）：145-148.

[43] 张雅男.社科院图书馆智库建设服务研究［J］.新世纪图书馆，2016（7）：35-38.

[44] 张旭，张向先.高校图书馆智库信息服务模式研究［J］.图书馆学研究，2017（14）：59-65.

[45] 龚花萍，高洪新，胡媛.功能型图书馆智库服务模式及发展研究［J］.图书馆学研究，2017（8）：22-28.

[46] 刁羽.基于小数据的高校图书馆智库型信息咨询服务模式研究［J］.图书馆工作与研究，2019（8）：82-86.

[47] 李菲，林橦，于金平.生命周期范式下大学图书馆科研智库服务模式构建与应用研究［J］.图书情报工作，2018，62（24）：72-78.

[48] 陈华，徐琰，沈婕.关联数据环境下的图书馆智库服务模式研究［J］.图书馆学研究，2017（15）：89-97.

[49] 王凤满.我国高校图书馆智库型服务体系研究［J］.图书情报工作，2015，59（23）：45-50.

[50] 黄如花，李白杨，饶雪瑜.面向新型智库建设的知识服务：图书情报机构的新机遇［J］.图书馆，2015（5）：6-9.

[51] 黄长伟，陶颖，孙明.高校图书馆参与智库信息服务保障体系建设研究［J］.图书馆工作与研究，2018（7）：11-14.

[52] 赵雪岩，彭焱.高校图书馆智库服务的多维度思考［J］.图书馆工作与研究，2018（2）：87-92.

[53] 薛新波，周中林.新型智库战略下图书情报机构的服

务重点探究［J］.情报科学，2017，35（9）：84-89.

［54］贾旭楠.高校图书馆智库建设 SWOT 分析及策略研究［J］.图书馆工作与研究，2019（3）：118-123.

［55］刘速，刘妍序.试析我国图书馆智库服务策略［J］.图书馆工作与研究，2017（5）：65-69.

［56］庞莉.智库型图书馆知识服务的需求分析及优化策略［J］.图书与情报，2018（4）：105-110.

［57］万文娟.面向高校智库的高校图书馆信息资源建设探讨［J］.现代情报，2018，38（6）：117-121.

［58］张善杰，陈伟炯，陆亦恺，等.面向产业智库需求的行业特色高校图书馆信息保障策略研究［J］.图书馆建设，2016（1）：47-50，57.

［59］姜晓婷.新时代党校图书馆服务新型智库建设路径研究［J］.图书馆工作与研究，2018（6）：84-90.

［60］张旭，赵彬，卢恒，等.高校图书馆智库服务能力成熟度模型及评价研究［J］.图书馆，2019（7）：26-33.

［61］张旭，张向先，李中梅.信息生态视角下高校图书馆智库信息服务能力影响因素研究［J］.图书馆工作与研究，2019（2）：30-39.

［62］黄长伟，曲永鑫.高校图书馆智库能力建设探究［J］.现代情报，2016，36（11）：128-131.

［63］赵发珍.大学图书馆智库功能与能力建设研究［J］.图书馆学研究，2016（17）：22-27+90.

［64］梁宵萌.美国高校图书馆智库馆员服务调查与启示

[J].图书馆论坛,2019,39(9):165-171.

[65] 胡燕.智库馆员素养能力发展路径研究[J].图书馆工作与研究,2018(12):45-49+62.

[66] 程煜.智库建设视角下图书馆联盟网络的研究[J].图书馆理论与实践,2019(7):51-55.

[67] 严愿萍,石媛,赵乃瑄.区域跨系统图书馆联盟参与新型智库服务研究[J].新世纪图书馆,2018(8):33-36.

[68] 魏秀玲.党校图书馆智库服务平台建设的若干思考[J].中共福建省委党校学报,2018(7):117-120.

[69] 陈良.基于智库的高校图书馆社会服务探析[J].图书馆工作与研究,2018(3):47-51.

[70] 庞莉,赵豪迈.供给改革思路下智库型图书馆与创客空间结合的知识极化机理研究[J].图书馆论坛,2018,38(6):16-23.

[71] Medvetz T. Think Tanks in America [M]. ChicagoThe University of Chicago Press,2012:33-41.

[72] James G. Mc Gann. How Think Tanks Shape Social Development Policies [M]. University of Pennsy lvania Press,2014.

[73] Juan Luis Manfredi-Sánchez, Juan Antonio Sánchez-Giménez, Juan Pizarro-Miranda. Structural Analysis to Measure the Influence of Think Tanks'Networks in the Digital Era [J]. The Hague Journal of Diplomacy,2015,Vol. 10 (4), pp. 363-395Brill.

[74][加]唐纳德·E.埃布尔森.智库能发挥作用吗?——公

共政策研究机构影响力之评估［M］.上海：上海社会科学院出版社，2010：83.

［75］［加］唐纳德·E.埃布尔森，斯蒂芬·布鲁克斯.严志军，周诗珂，译.智库、外交和地缘政治：实现影响力的路径［M］.南京：南京大学出版社，2018：68，122.

［76］Zhihong ZENG, Abulrahman Suleiman. Research on Path of the New Colleges and Universities Think Tank Construction With Chinese Characteristics［J］. Abdulrahman Canadian Social Science, 2015, Vol.11 (9), pp.113-118.

［77］Sarah K. Henry, Judith A. Scott, Jan Wells, Bonnie Skobel, Alan Jones, Susie Cross, Cynthia Butler, Teresa Blackstone. Linking University and Teacher Communities: A "Think Tank" Model of Professional Development［J］. Teacher Education and Special Education, 1999, Vol.22 (4), pp.251-268.

［78］Thunert M. The information and decision support centre (IDSC) of the egyptian cabinet: A think tank in the making［J］. Zeitschrift für Politikberatung. 2009, 2 (4): 679-684.

［79］徐晓虎，陈圻.智库发展历程及前景展望［J］.中国科技论坛，2012（7）：65.

［80］王莉丽.旋转门——美国思想库研究［M］.北京：国家行政学院出版社，2010：47.

［81］Paul Dickson. Think Tanks (Now York: Atheneum, 1971), 1-3, 26-35.

［82］李凌.中国智库影响力的实证研究与政策建议［J］.

社会科学, 2014 (4): 6.

[83] Tom Medvetz. Think Tanks as an Emergent Field [R]. Social Science Research Council, 2008.

[84] James G. Mc Gann, R. Kent Weaver. Think Tanks and Civil Societies: Catalysts for Ideas and Action [M]. NewJersey: New Brunswick Transaction Publishers, 2000.

[85] 李刚, 王斯敏, 丁炫凯等.中国智库索引 [M].南京: 南京大学出版社, 2018: 3.

[86] FELLOWE. Scholarly communication, scholarly publishing and university libraries plus ca change? [J]. Australian academic & research libraries, 2014, 45 (4): 241-261.

[87] THOMASJWM. The structure of scholarly communications within academic libraries [J]. Serials review, 2013, 39 (3): 167-171.

[88] 梁宵萌.美国高校图书馆智库馆员服务调查与启示 [J].图书馆论坛, 2019 (9): 165-171.

[89] 赵发珍.循证图书馆学研究的思考——基于"循证科学与知识转化论坛"的启示 [J].图书馆建设, 2019 (3): 1-9.

[90] EldredgeJ. Evidence – BasedLibrarianship: ACommentaryforHypothesis [J]. Hypothesis, 1997, 11 (3): 4-7.

[91] 刘璇.循证图书馆学 (EBL) 的发展及对图书馆学的启示 [J].图书馆杂志, 2009, 28 (1): 22-25.

[92] 赵发珍.循证图书馆学研究的思考——基于"循证科学与知识转化论坛"的启示 [J].图书馆建设, 2019 (3): 1-9.

[93] H. I. Ansoff. Corporate Strategy, Mc Graw Hill, New York: 1965.

[94] 何郁冰.产学研协同创新的理论模式 [J].科学学研究, 2012 (2) 165-174.

[95] 陈劲, 阳银娟.协同创新的理论基础与内涵 [J].科学学研究, 2012 (2): 161-164.

[96] 涂振洲, 顾新.基于知识流动的产学研协同创新过程研究 [J].科学学研究.2013 (9): 1381-1390.

[97] 庄涛.资源整合视角下产学研三螺旋关系研究 [D].北京: 北京邮电大学, 2015.

[98] 张新时.90 年代生态学的新分支——信息生态学 [J].生物科学信息, 1990, (3): 101-103.

[99] 娄策群, 桂晓苗, 杨小溪.我国信息生态学学科建设构想 [J].情报科学, 2013, 31 (2): 13-18.

[100] 刘洵.图书馆信息生态圈协同进化研究 [J].图书情报工作, 2016, 60 (9): 49-54.

[101] 王浩.信息生态学视角下科技智库建设研究 [J].现代情报, 2018, 38 (11): 44-47, 54.

[102] 靖继鹏, 张向先.信息生态理论与应用 [M].北京: 科学出版社, 2017: 67.

[103] 2018 Global Go To Think Tank Index Report [EB/OL]. [2019-10-20]. https://repository.upenn.edu/think_tanks/16.

[104] Belfer Center for Science and International Affairs. [EB/OL]. [2019-10-28]. http://www.belfercenter.org.

[105] Center for International Development. [EB/OL]. [2019-10-28] https：//www.hks.harvard.edu/centers/cid.

[106] Weatherhead Center for International Affairs. [EQ/OL]. [2019-10-28] https：//wcfia.harvard.edu.

[107] Ash Center for Democratic Governance. [EB/OL]. [2019-10-28] https：//ash.harvard.edu.

[108] Davis Center for Russian and Eurasian Studies. [EB/OL]. [2019-10-28]. https：//daviscenter.fas.harvard.edu.

[109] Keely Wilczek. [EQ/OL]. [2019-10-20]. https：//guides.library.harvard.edu/prf.php? account_id=3540.

[110] Svetlana Rukhelman. [EQ/OL]. [2019-10-20]. https：//daviscenter.fas.harvard.edu/about-us/people/svetlana-rukhelman.

[111] CapurroR. Towards an Information Ecology. Contribution to the NORDINFO International Seminar "Information and Quality" [J]. Royal School of Librarianship, Copenhagen, 1989, (8)：23-25.

[112] Davis Center Resource Library. [EQ/OL]. [2019-10-20]. https：//daviscenter.fas.harvard.edu/teach/teaching-resources/resource-library.

[113] 未名学术快报 [EB/OL]. [2019-08-30]. https：//www.lib.pku.edu.cn/portal.

[114] 专利分析报告 [EB/OL]. [2019-08-30]. https：//www.lib.pku.edu.cn/portal/cn/fw/zlxx/zhuanlifenxi.

[115] 浙江大学信息资源与应用研究中心 [EB/OL].

[2019-08-30]. https：//lib. zju. edu. cn/thinktank.

[116] 上海海事大学图书馆 [EB/OL]. [2019-08-30]. http：//www. library. shmtu. edu. cn.

[117] 国际海事信息网 [EB/OL]. [2019-09-10]. http：//www. simic. net. cn.

[118] 2018 Global Go To Think Tank Index Report [EB/OL]. [2019-07-10]. https：//repository. upenn. edu/think_ tanks/16.

[119] Pew Research Center [EB/OL]. [2019-07-10]. https：//www. pewresearch. org/follow-us.

[120] 胡昌平. 现代信息管理机制研究 [M]. 武汉：武汉大学出版社，2004：19.

[121] General Data Protection Regulation [EB/OL]. [2019-07-10]. https：//gdpr-info. eu.

[122] Laura Silver. CCG (Center For China AndGlobalization) [EB/OL]. [2019-08-01]. http：//www. ccg. org. cn/Event/View. aspx? Id=11039.

[123] Interactives [EB/OL]. [2019-08-01]. https：//www. pewresearch. org/category/interactives.

[124] Data-labs [EB/OL]. [2019-08-01]. https：//www. pewresearch. org/topics/data-labs.

[125] Publications [EB/OL]. [2019-08-01]. https：//www. pewresearch. org/methods/category/publications.

[126] Topics [EB/OL]. [2019-08-01]. https：//www. pewresearch. org/topics.

[127] Download Datasets [EB/OL]. [2019-08-01]. https://www.pewresearch.org/download-datasets.

[128] Eisinga R, Te Grotenhuis M, Pelzer B. The reliability of a two-item scale: Pearson, Cronbach, or Spearman-Brown? [J]. International Journal of Public Health, 2013, 58 (4): 637-642.

[129] The SPSSAU project (2020). SPSSAU. (Version 20.0) [Online Application Software]. [EB/OL]. [2020-03-01]. https://www.spssau.com.

[130] 周俊. 问卷数据分析——破解SPSS的六类分析思路[M]. 北京: 电子工业出版社, 2017.

[131] 中国智库索引 (CTTI) [EB/OL]. [2019-04-10]. https://ctti.nju.edu.cn/CTTI/index.do.

[132] 于良芝. 图书馆情报学概论 [M]. 北京: 国家图书馆出版社, 2016: 73.

附录一

学术图书馆智库服务调查

尊敬的专家：

您好！

本人正在进行关于"学术图书馆智库服务"的调查。"图书馆智库服务"是指由图书馆主导开展的，面向智库的一系列工作，主要类型包括图书馆服务智库[①]、图书馆提供"智库型"服务[②]，也包括图书馆由学术机构向智库机构的转型。您所提供的信息仅供学术研究之用，决不另作他用或向第三方披露，请您安心作答，衷心感谢您的帮助！

北京大学信息管理系博士后　梁宵萌
联系方式：（此处为电子邮箱）

您所在的图书馆名称为：_____

[①] 学术图书馆面向智库机构开展专业的图情服务，服务对象是单个或多个智库机构。

[②] 图书馆根据外界的委托（或自主）围绕某研究议题生产信息成果，其服务对象可能是智库或对某些议题有研究需求的机构和个人。

[1] 您对"图书馆智库服务"是否了解：（ ）

a. 非常了解　　b. 比较了解　　c. 不太了解　　d. 完全不了解

[2] 您认为图书馆是否应该开展智库服务：（ ）

a. 应该　　　b. 不应该　　　c. 不确定　　　d. 无所谓

[3] 贵馆是否已开展或打算开展智库服务：（ ）

a. 已开展　　　b. 打算开展　　　c. 未打算

如果第[3]题选择 a 或 b 选项，则从第[5]题开始继续作答；

如果第[3]题选择 c 选项，则只回答第[4]题，并结束问卷。

[4] 如果"未打算"开展智库服务，原因包括（可多选）：（ ）

a. 经费不足

b. 缺乏资源、技术和人才

c. 缺乏可参照的实践经验

d. 智库对图书馆没有服务需求

e. 缺乏政策支持

f. 其他_____

[5] 如贵馆"已开展"或"打算开展"智库服务，原因包括（可多选）：（ ）

a. 图书馆服务创新的内部驱动

b. 响应国家新型智库建设与发展的要求

c. 智库对图书馆服务的需要

d. 图书馆具有开展智库服务的资源、技术和人才等优势

e. 已掌握了一定的可借鉴的图书馆智库服务实践经验

f. 上级单位的支持

g. 其他_____

［6］您对图书馆智库服务的意义是否认可（请在每一行适当的格中打"√"）：

		非常认可	比较认可	不太认可	完全不认可	不确定
对图书馆	丰富图书馆工作内涵					
	拓展图书馆功能外沿					
	促进图书馆战略转型					
	提升图书馆的社会地位和影响力					
对智库	提高智库信息成果质量					
	使智库获得更具专业价值的服务					
	提升智库的影响力					
对学术界	形成图书馆学新的生长点					
	促进图书馆学与其他学科的融合发展					

［7］贵馆已开展或打算开展的智库服务类型有（可多选）：（　）

a. 为智库提供专业的图情服务

b. 接受委托（或自主）生产信息成果，开展"智库型"

服务

    c. 向智库机构转型

[8] 请选择具有可行性的图书馆面向智库提供专业图情服务的方式（可多选）：（　　）

    a. 利用工具书、数据库等面向智库的文献查询服务

    b. 与智库共建信息平台

    c. 根据智库需求引进信息资源

    d. 在馆内打造智库专属空间

    e. 构建智库信息资源数据库

    f. 智库科研数据管理

    g. 智库成果的开放存取及数字出版

    h. 举办智库相关的论坛与会议

    i. 开展智库成员信息素养培训

    j. 其他_____

[9] 请选择贵馆已开展的"智库型"服务（可多选）：（　　）

    a. 科技查新服务

    b. 行业（或学科）发展战略报告

    c. 科研（或学科）态势监测

    d. 科研热点分析

    e. 定题服务

    f. 机构影响力评估

    g. 科研项目跟踪

    h. 其他_____

[10] 您认为贵馆是否有望转型成为"智库机构":（　）

a. 非常有　　b. 比较有　　c. 不太有　　d. 完全没有

e. 不确定

[11] 您认为图书馆转型成为真正的智库机构,需要具备哪些条件（可多选）:（　）

a. 本馆管理层的主观意愿

b. 上级领导部门的政策支持

c. 与智库机构相近的组织形态及管理模式

d. 具有独立开展学术研究能力的人才

e. 畅通的信息成果报送渠道

f. 其他_____

[12] 您认为图书馆是否有必要设置专职的"智库馆员"①:

a. 有必要　　b. 没有必要　　c. 不确定　　d. 无所谓

[13] 您认为下列影响因素对"智库馆员"有效开展智库服务的重要程度是:

	非常重要	比较重要	一般	不太重要	不重要
对智库行业相关知识的储备					
主动提供服务的意识					

---

① 具有图书馆服务、管理、创新能力的,面向智库的专业图书馆员。广义的"智库馆员",既可指在各类型图书馆中的专职馆员,也可包括在智库内承担图书情报工作的专职人员。由于本研究主要是探讨学术图书馆智库服务问题,所以此处的"智库馆员"主要是指任职于学术图书馆,开展与智库相关工作的专职图书馆员。

续表

	非常重要	比较重要	一般	不太重要	不重要
沟通技巧					
信息分析能力					
项目管理能力					
团队协作能力					
图书情报专业知识					
信息成果宣传能力					
图书馆从业经验					
创新思维					
快速学习能力					

[14] 若贵馆已开展或打算开展智库服务，将由哪个部门来承担具体工作：（ ）

a. 图书馆内部开设独立部门

b. 图书馆各部门合作开展

c. 图书馆与馆外机构合作开展（如与高校智库等合作）

d. 其他_____

[15] 贵馆是否会选择与馆外其他单位或个人合作开展智库服务（可多选）：（ ）

a. 不会

b. 会，与基金会合作

c. 会，与学协会合作

d. 会，与其他图书馆合作

e. 会，与智库合作

f. 会，与其他教学、科研院所合作

g. 会，与技术公司/单位合作

h. 会，与相关个人合作

i. 其他_____

［16］您认为图书馆是否应该承担起提升智库成员信息素养的责任：（ ）

　　a. 应该　　b. 不应该　　c. 不确定　　d. 无所谓

［17］您认为是否应该将"智库服务能力"纳入学术图书馆评估体系：（ ）

　　a. 应该　　b. 不应该　　c. 不确定　　d. 无所谓

［18］您认为下列因素对"图书馆智库服务质量"的影响程度是：

	影响巨大	影响较大	一般	影响较小	无影响
图书馆开展智库服务的主动性					
图书馆创新性思维					
图书馆各部门间的协调能力					
图书馆的学术研究能力					
图书馆对信息成果的传播能力					
图书馆拥有的信息资源（如数据库、特藏资源、灰色文献等）					

续表

	影响巨大	影响较大	一般	影响较小	无影响
图书馆的发展战略规划					
图书馆与智库机构间的互动与合作					
图书馆对决策咨询用户需求的了解程度					
图书馆对与智库相关的信息资源的开发与共享					
图书馆掌握的信息分析技术					
图书馆开展的与智库相关的学术活动					
图书馆参与和建设"智库服务联盟"					
我国"新型智库"的发展程度					

［19］您认为贵馆在开展智库服务前需要落实的工作有（可多选）：（　　）

a. 确定具体服务类型

b. 根据智库服务需求进行信息资源建设

c. 将智库服务纳入图书馆发展战略

d. 设计符合智库服务的制度保障与组织架构

e. 获得上级领导部门的政策支持

f. 建立高水平的人才队伍

g. 学习智库相关知识

h. 其他_____

[20] 您对图书馆智库服务还有哪些建议（或图书馆智库服务还应关注和涉及的问题有哪些)？

_____

_____

附录二

本研究前期研究成果

［1］梁宵萌，刘燕权.皮尤研究中心信息管理实践对学术图书馆智库服务的启示［J］.图书与情报，2019（5）：72-78.

［2］梁宵萌.美国高校图书馆智库馆员服务调查与启示［J］.图书馆论坛，2019，39（9）：165-171.

［3］梁宵萌.哈佛大学图书馆面向智库的服务策略与启示［J］.图书馆论坛，2019，39（7）：144-152.